Mindermann

Jahresabschluss nach HGB

Unter Mitarbeit von

Sebastian Blatt

Andreas Dahnz

Karsten Lukas

Felix Schmidt

Bibliografische Information der Deutschen Bibliothek:

Die Deutsche Bibliothek verzeichnet diese Publikation in der Deutschen Nationalbibliografie; detaillierte bibliografische Daten sind im Internet unter http://dnb.ddb.de abrufbar.

Herstellung und Verlag: Books on Demand GmbH, Norderstedt

ISBN: 9783848226641

Vorwort zur zweiten Auflage

Die zweite Auflage wurde an die aktuellen Gesetzesänderungen (BilRUG) angepasst und Fehler wurden behoben. Zudem wurden die Graphiken und die Beispielaufgaben einer vollständigen Überarbeitung unterzogen.

Für die Unterstützung bei der Aktualisierung der zweiten Auflage bedanke ich mich ganz herzlich bei Herrn Dipl.-Kfm. Sebastian Blatt, Herrn Dipl.-Kfm. Benedikt Hirthammer und Herrn Dipl.-Kfm. Matthias Palmer.

Greifswald, im November 2016   Torsten Mindermann

Vorwort zur ersten Auflage

Das vorliegende Buch vermittelt in kompakter, anschaulicher und anwendungsorientierter Weise die Grundlagen der Bilanzierung nach HGB. Das Buch richtet sich in erster Linie an Studenten wirtschaftswissenschaftlicher Studiengänge, die an Universitäten, Fachhochschulen oder anderen öffentlichen bzw. privaten Bildungseinrichtungen Veranstaltungen zur Bilanzierung nach HGB belegen (müssen). Aufgrund der didaktischen „Auffrischung" der Lehrinhalte für Fachkräfte in Unternehmen und sonstigen Institutionen sowie zur Unterstützung des Faches „Bilanzierung" im Rahmen einer kaufmännischen Ausbildung. Für tatkräftige Unterstützung und Mitarbeit bedanke mich ganz herzlich bei Herrn Dipl.-Kfm. Sebastian Blatt, Herrn Dipl.-Kfm. Andreas Dahnz, Dipl.-Kfm., Dipl.-Finw. Karsten Lukas und Herrn Dipl.-Kfm. Felix Schmidt.

Greifswald, im Juli 2012   Torsten Mindermann

Inhaltsverzeichnis

Abbildungsverzeichnis

Abkürzungsverzeichnis

Abs.	Absatz
AK	Anschaffungskosten
AktG	Aktiengesetz
bspw.	beispielsweise
BT-Drs.	Bundestagdrucksache
bzgl.	bezüglich
bzw.	beziehungsweise
BW	Buchwert
Fifo	First in first out
ggf.	gegebenenfalls
gem.	gemäß
GE	Geldeinheiten
GoB	Grundsätze ordnungsmäßiger Bilanzierung
GuV	Gewinn- und Verlustrechnung
HGB	Handelsgesetzbuch
HK	Herstellungskosten
i. d. R.	in der Regel
i. S. d.	im Sinne des
i. V. m.	in Verbindung mit
i. V. z.	im Vergleich zu
Lifo	Last in first out
Nr.	Nummer
ND	Nutzungsdauer
p	Prozentsatz
Rn.	Randnummer

S.	Seite
u.	und
usf.	und so fort
usw.	und so weiter
z. B.	zum Beispiel
zzgl.	zuzüglich

1 Grundlagen

1.1 Das betriebliche Rechnungswesen

Das betriebliche Rechnungswesen hat die Aufgabe, sowohl den betrieblichen Leistungserstellungsprozess als auch den betrieblichen Umsatzprozess wert- und mengenmäßig abzubilden und zu überwachen. Das betriebliche Rechnungswesen ist somit ein Informationsanbieter, der zu folgenden Zwecken Informationen bereitstellt:

- **Dokumentationsfunktion:** Im Rahmen der Dokumentationsfunktion kommt dem Rechnungswesen die Aufgabe zu, die in der Vergangenheit realisierten Sachverhalte quantitativ zu erfassen, um die wirtschaftliche Lage des Unternehmens beurteilen zu können. Die Dokumentationsfunktion wird insbesondere durch die chronologische Verbuchung aller Geschäftsvorfälle in einer Periode wahrgenommen.
- **Planungsfunktion:** Um sinnvolle Entscheidungen treffen zu können, benötigt die Unternehmensleitung verlässliches Informationsmaterial, um ex ante verschiedene Planungsalternativen beurteilen zu können. Im Rahmen der Planungsfunktion stellt das Rechnungswesen die hierfür erforderlichen Informationen bereit. Mit Hilfe der Informationen aus dem Rechnungswesen lässt sich berechnen, zu welchen Kosten ein Produkt produziert und zu welchem Preis es veräußert werden soll.
- **Kontrollfunktion:** Um zu überprüfen, ob die geplanten Zustände tatsächlich eingetreten sind, ist ein Soll-Ist-Vergleich erforderlich. Hierbei werden die tatsächlich realisierten Werte (Ist-Werte) mit den geplanten Werten (Soll-Werte) verglichen, um so bei Abweichungen Gegenmaßnahmen einleiten zu können. So lässt sich beispielsweise mit Hilfe des Rechnungswesens leicht überprüfen, ob der angestrebte Umsatz auch tatsächlich erreicht wurde.

Das Rechnungswesen wird klassisch in das „interne" und das „externe" Rechnungswesen eingeteilt.

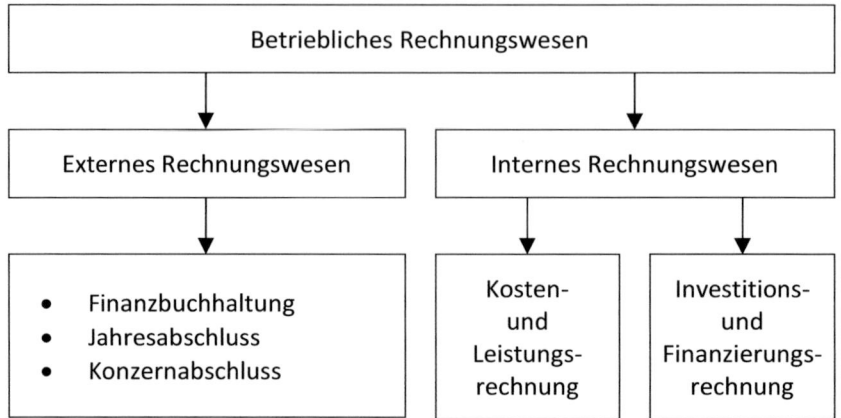

Abbildung 1: Betriebliches Rechnungswesen

Das externe Rechnungswesen umfasst grundsätzlich die Finanzbuchhaltung und den aus ihr resultierenden Jahresabschluss. „Extern" bedeutet, dass mit dem Jahresabschluss nicht nur die Unternehmensleitung, sondern auch unternehmensexterne Personen (Zulieferer, Kunden, Konkurrenten, Staat, breite Öffentlichkeit) über die wirtschaftliche Lage (Vermögens-, Finanz- und Ertragslage) informiert werden. Das externe Rechnungswesen wird auch als „pagatorische" Erfolgsrechnung bezeichnet, da lediglich Geld-ströme abgebildet werden. Im externen Rechnungswesen werden sowohl betriebsbedingte als auch betriebsfremde Werteverbräuche bzw. Werte-zuwächse erfasst. Die Erfassung und Bewertung dieser Werteverbräuche bzw. Wertezuwächse erfolgt aufgrund gesetzlicher Regelungen. Diese gesetzlichen Regelungen sollen bewirken, dass die Externen verschiedene Unternehmen besser miteinander vergleichen können, da alle nach den gleichen Regeln bilanzieren. Die Vergleichbarkeit verschiedener Jahresab-schlüsse spielt somit eine wichtige Rolle. Im Mittelpunkt dieses Lehrbuchs steht der Einzeljahresabschluss einer Kapitalgesellschaft. Auf den Konzern-abschluss (Abschluss für eine Gruppe von rechtlich selbstständigen, aber wirtschaftlich voneinander abhängigen Unternehmen) wird nicht einge-gangen.

Im Gegensatz zum externen Rechnungswesen unterliegt das interne Rech-nungswesen nicht gesetzlichen Bestimmungen, sondern wird freiwillig im Unternehmen eingerichtet. Intern bedeutet, dass die Informationen aus dem internen Rechnungswesen grundsätzlich nur der Unternehmensführung bzw. anderen internen Unternehmensangehörigen zugespielt werden. In einer engen Auslegung wird das interne Rechnungswesen oft mit der Kosten- und Leistungsrechnung gleichgesetzt. In der Kosten- und Leistungsrechnung werden nur die betriebsbedingten Werteverbräuche bzw. Wertezuwächse erfasst, d. h. betriebsfremde Werteverbräuche bzw. Wertezuwächse bleiben außen vor. Die Kosten- und Leistungsrechnung wird oft auch als kalkulatorische Rechnung bezeichnet, da hier keine pagatorische Abbildung der Geldströme, sondern eine Abbildung von bewerteten Güterströmen erfolgt.

Bei einer weiten Auslegung des Begriffs internes Rechnungswesen werden die Investitions- und Finanzierungsrechnungen noch mit einbezogen. Sowohl die Kosten- und Leistungsrechnung als auch die Investitions- und Finanzierungsrechnungen sollen der Unternehmensführung Informationen zur Unternehmenssteuerung liefern. Aus diesem Grund ist es auch sinnvoll, die Werteverbräuche bzw. Wertezuwächse nicht nach gesetzlichen Vorschriften zu bewerten, sondern den tatsächlichen Umständen anzupassen. Die Planung, Steuerung und Kontrolle des Unternehmensgeschehens stehen im Vordergrund.

1.2 Funktionen des handelsrechtlichen Jahresabschlusses

Der Jahresabschluss steht im Mittelpunkt des externen Rechnungswesens und ist die zentrale Informationsquelle für unternehmensexterne Personen. Nach § 242 HGB ist jeder Kaufmann verpflichtet, am Schluss eines jeden Geschäftsjahres einen Jahresabschluss aufzustellen. Der Jahresabschluss besteht aus mehreren Elementen, die je nach Rechtsform des Kaufmanns unterschiedlich sind. In seiner einfachsten Form besteht der Jahresabschluss nur aus der Bilanz und der Gewinn- und Verlustrechnung (§ 242 Abs. 3 HGB). Bei der Bilanz handelt es sich um die Gegenüberstellung von unternehmerischen Vermögen und Schulden zu einem bestimmten Zeitpunkt (Bilanzstichtag). Daher ist die Bilanz eine zeitpunktbezogene Rechnung, in der die Bestände des Vermögens und der Schulden erfasst werden. Im Gegensatz dazu stellt die Gewinn- und Verlustrechnung eine Stromgrößenrechnung dar, in der die Aufwendungen und Erträge eines Geschäftsjahres erfasst werden (Zeitraumrechnung).

Kapitalgesellschaften und bestimmte Personengesellschaften nach § 264a Abs. 1 HGB müssen die Bilanz (§ 242 Abs. 1 HGB) und die Gewinn- und Verlustrechnung (§ 242 Abs. 2 HGB) um einen Anhang (§ 284 ff. HGB) ergänzen. Zusätzlich müssen die Gesellschaften ihren Jahresabschluss um einen Lagebericht (§ 289 HGB) ergänzen. Der Lagebericht selbst ist jedoch kein Element des Jahresabschlusses. Noch umfangreicher ist der Jahresabschluss von kapitalmarktorientierten Kapitalgesellschaften. Eine Kapitalgesellschaft ist nach § 264d HGB kapitalmarktorientiert, wenn sie einen organisierten Markt durch von ihr ausgegebene Wertpapiere in Anspruch nimmt oder zumindest die Zulassung solcher Wertpapiere zum Handel an einem organisierten Markt beantragt hat. Der Jahresabschluss einer kapitalmarktorientierten Kapitalgesellschaft setzt sich nach § 264 Abs. 1 HGB aus der Bilanz, Gewinn- und Verlustrechnung, Anhang, Kapitalflussrechnung und dem Eigenkapitalspiegel zusammen. Zusätzlich darf eine Segmentberichterstattung aufgestellt werden.

	Bilanz	GuV	Anhang	Kapitalfluss-Rechnung	Eigenkapitalspiegel	Segment-bericht	zusätzlich Lagebericht (Kein Element des JA)
alle Kaufleute	x	x					
KapG und bestimmte PersG	x	x	x				x
Kapitalmarktorientierte KapG	x	x	x	x	x	freiwillig	x

Abbildung 2: Elemente des Jahresabschlusses

Grundsätzlich hat der Jahresabschluss drei Funktionen zu erfüllen:

- **Dokumentationsaufgabe:** Der Zwang zur Dokumentation aller Geschäftsvorfälle ergibt sich aus § 238 Abs. 1 HGB. Danach muss die Buchführung so beschaffen sein, dass sie einem sachverständigen Dritten innerhalb angemessener Zeit einen Überblick über die Geschäftsvorfälle und über die Lage des Unternehmens vermitteln kann (§ 238

Abs. 1 S. 2 HGB). Die Geschäftsvorfälle müssen sich in ihrer Entstehung und Abwicklung verfolgen lassen (§ 238 Abs. 1 S. 3 HGB).

- **Zahlungsbemessungsfunktion:** Ein wichtiges Ziel der Jahresabschlusserstellung ist die Ermittlung des Periodengewinns (Jahresüberschuss). An diesen Gewinn knüpft der Staat zunächst seine Steueransprüche. Denn nach § 5 Abs. 1 EStG ist der handelsrechtliche Jahresabschluss maßgeblich für die Steuerbilanz eines Unternehmens, d. h. auf Basis der handelsrechtlichen Wertansätze wird grundsätzlich die Steuerbilanz erstellt (Maßgeblichkeitsprinzip). Zum anderen steht dieser Gewinn zur Ausschüttung an die Anteilseigner zur Verfügung. Zwischen Gläubigern und Anteilseignern besteht ein Zielkonflikt hinsichtlich der Höhe der Ausschüttung. Während die Anteilseigner an einer möglichst hohen Ausschüttung Interesse haben, wünschen sich die Gläubiger eine geringe Ausschüttung, damit dem Unternehmen nicht zu viel Kapital entzogen wird, wodurch eventuell die Rückzahlung ihrer Forderungen gefährdet wird. Zum Schutz der Gläubiger hat der Gesetzgeber daher in § 268 Abs. 8 HGB eine Ausschüttungssperre für bestimmte Sachverhalte eingeführt.
- **Informationsfunktion:** Im Rahmen der Informationsfunktion soll der Jahresabschluss alle Adressaten umfassend und verlässlich über die wirtschaftliche Lage des Unternehmens informieren. Zunächst wird der Kaufman aufgrund der Verpflichtung zur Buchführung (§ 238 Abs. 1 HGB) und der Aufstellungspflicht eines Jahresabschlusses (§ 242 HGB) zur Selbstinformation über die wirtschaftliche Lage seines Unternehmens veranlasst. Allerdings dient der Jahresabschluss vorrangig zur Befriedung der Informationsansprüche unternehmensexterner Personen. Daher ist die Hauptaufgabe des Jahresabschlusses gem. § 264 Abs. 2 HGB, den unternehmensexternen Adressaten mit Hilfe des Jahresabschlusses ein den tatsächlichen Verhältnissen entsprechendes Bild der Vermögens-, Finanz- und Ertragslage des Unternehmens zu vermitteln. Die wichtigsten Jahresabschlussadressaten sind im Handelsrecht die Gläubiger, sodass das deutsche Handelsrecht vom Vorsichtsprinzip und Gläubigerschutzgedanken geprägt ist.

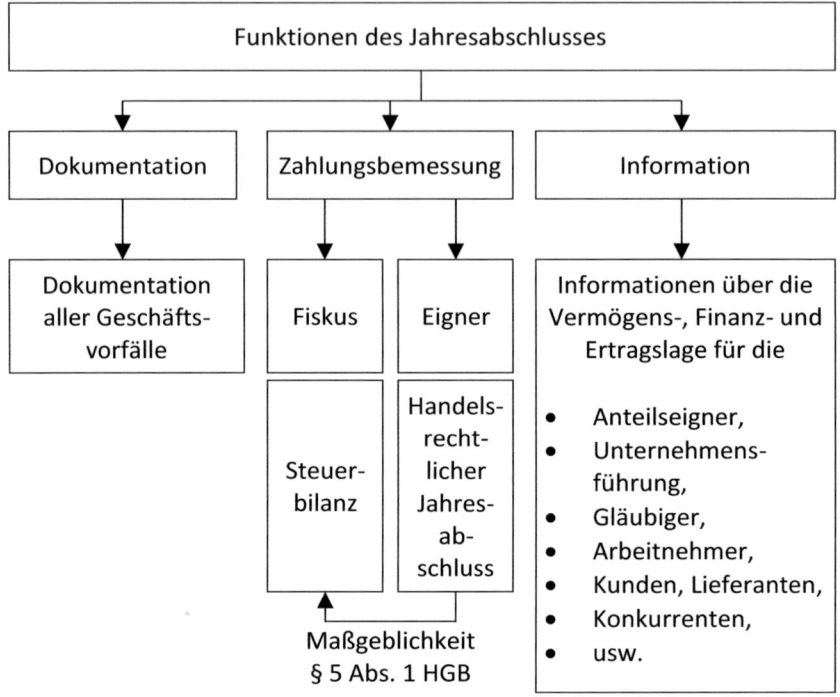

Abbildung 3: Funktionen des Jahresabschlusses

1.3 Rechnungslegungsvorschriften

Der Jahresabschluss kann die Dokumentations-, Zahlungsbemessungs- und Informationsfunktion nur dann sinnvoll erfüllen, wenn verbindliche Vorschriften für die Bilanzierung existieren. Vorschriften zur Buchführung und Rechnungslegung können aus mehreren Gesetzen resultieren, wie z. B. §§ 238 ff. HGB, § 91 AktG, § 41 GmbHG, §§ 1 ff. PublG. In Deutschland sind die Vorschriften zur Rechnungslegung vorrangig im Handelsgesetzbuch (HGB) geregelt.

Gemäß § 238 Abs. 1 HGB ist jeder Kaufmann verpflichtet, Bücher zu führen und in diesen seine Handelsgeschäfte und die Lage seines Vermögens nach den Grundsätzen ordnungsmäßiger Buchführung (GoB) ersichtlich zu machen. Kaufmann im Sinne des § 238 Abs. 1 HGB ist jeder Betreiber eines Gewerbes jeder Art („Kaufmann kraft Betätigung", § 1Abs. 1 HGB), es sei denn, der Betrieb benötigt nach Art und Umfang der Geschäftstätigkeit keinen kaufmännisch eingerichteten Geschäftsbetrieb (§ 1 Abs. 2 HGB). Diese sogenannten Kleingewerbetreibenden können die Kaufmannseigenschaft aber erlangen, indem sie sich freiwillig ins Handelsregister (HR) eintragen lassen („Kaufmann kraft Eintragung", § 2 HGB). Nach § 6 Abs. 1 HGB finden die Vorschriften für Kaufleute auch auf Handelsgesellschaften Anwendung. Weitere Regelungen zur Kaufmannseigenschaft ergeben sich aus den §§ 3 bis 7 HGB, sollen hier jedoch nicht weiter thematisiert werden.

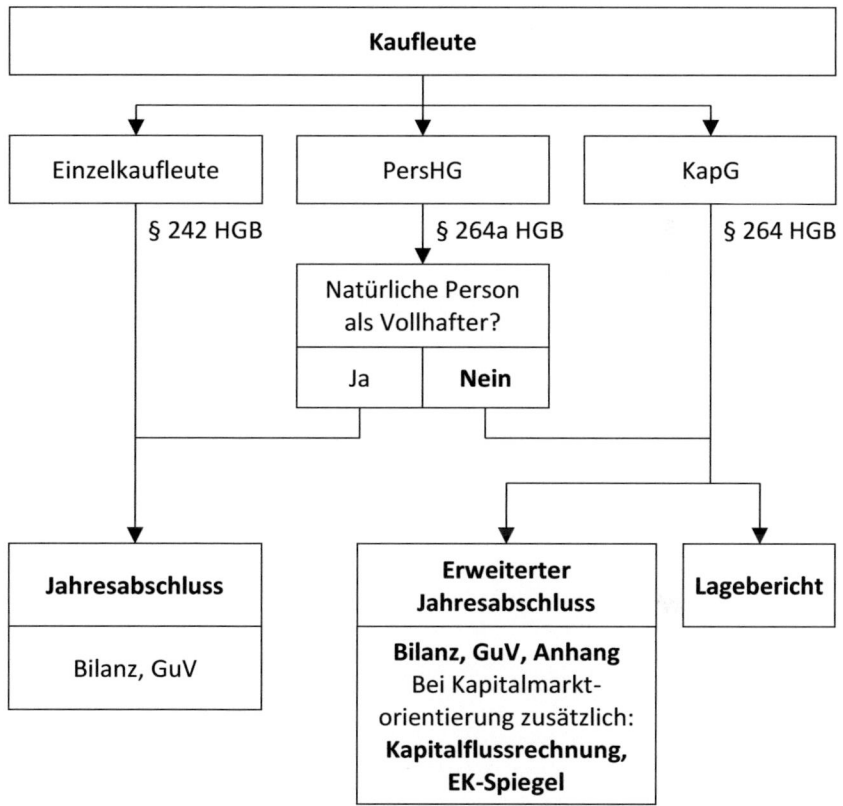

Abbildung 4: Aufstellungspflicht für den Jahresabschluss nach HGB

Die Rechnungslegungsvorschriften im HGB für den Einzelabschluss sind systematisch angeordnet. In den §§ 238 bis 263 HGB befinden sich die allgemeinen Vorschriften, die für alle Kaufleute gelten. Kapitalgesellschaften und haftungsbeschränkte Personengesellschaften müssen bei der Aufstellung des Jahresabschlusses zusätzlich die §§ 264 bis 289 HGB beachten. Weil bei diesen Gesellschaften die Haftung auf das Gesellschaftsvermögen beschränkt ist, hat der Gesetzgeber diesen Gesellschaften im Sinne des Gläubigerschutzes strengere Bilanzierungsvorschriften auferlegt.

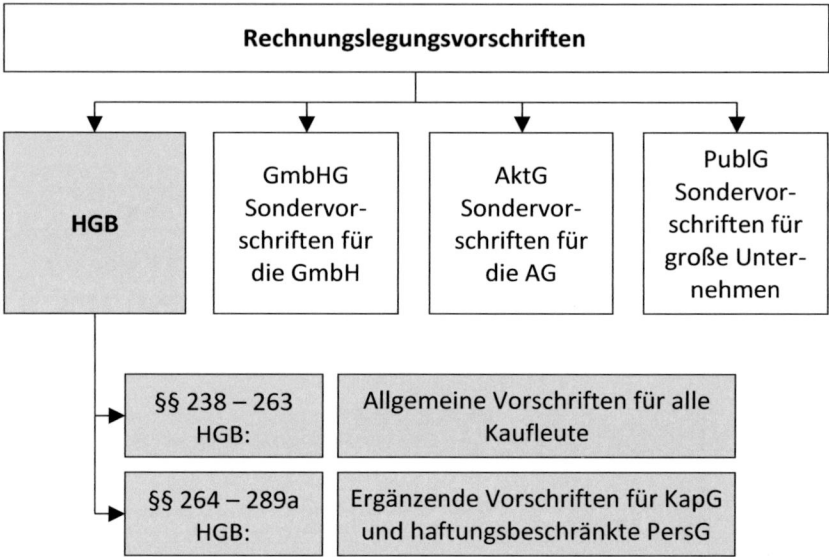

Abbildung 5: Rechnungslegungsvorschriften für den Einzelabschluss

Die Rechnungslegungspflichten sind insbesondere bei Kapitalgesellschaften von der Größe des Unternehmens abhängig. Aus Vereinfachungsgründen bestehen für kleine und mittelgroße Kapitalgesellschaften bestimmte Erleichterungen bei der Aufstellung des Jahresabschlusses. Diese Erleichterungen gelten auch für Personenhandelsgesellschaften i. S. d. § 264a HGB.

Die größenabhängigen Erleichterungen bestehen im Hinblick auf die Tiefe der Untergliederung von Bilanz und GuV (§ 266 Abs. 1 S. 3, § 276 HGB), den Umfang der Angabe- und Erläuterungspflichten im Anhang (§ 288 HGB) sowie die Prüfungs- (§ 316 HGB) und Offenlegungspflichten (§§ 325 Abs. 2, 326, 327 HGB).

Größenklasse	Klein	Mittel	Groß
Bilanz	verkürzt (§ 266 Abs. 1 S. 3 HGB)	voll	Voll
GuV	verkürzt (§ 276 HGB)	verkürzt (§ 276 HGB)	Voll
Anhang	verkürzt (§ 288 HGB)	verkürzt (§ 288 HGB)	Voll
Lagebericht	nein (§ 264 Abs. 1 S. 3 HGB)	ja	Ja
Prüfungspflicht	nein (§ 316 HGB)	ja	Ja

Abbildung 6: Größenabhängige Erleichterungen für KapG und PersG i. S. d. § 264a HGB

Ob eine Kapitalgesellschaft als klein, mittel- oder groß gilt, regelt § 267 HGB. Die sich aus der Größenklasse ergebenden Rechtsfolgen treten nur ein, wenn zwei der drei Größenmerkmale an den Abschlussstichtagen von zwei aufeinander folgenden Geschäftsjahren über- oder unterschritten werden (§ 267 Abs. 1 S. 1 HGB). Eine kapitalmarktorientierte Kapitalgesellschaft im Sinne von § 264d HGB gilt stets als große Kapitalgesellschaft (§ 267 Abs. 3 S. 2 HGB).

Größenklasse	Bilanzsumme in Mio. EUR	Umsatz in Mio. EUR	Arbeitnehmer
Klein (§ 267 Abs. 1 HGB)	≤ 6	≤ 12	≤ 50
Mittel (§ 267 Abs. 2 HGB)	≤ 20	≤ 40	≤ 250
Groß (§ 267 Abs. 3 HGB)	> 20	> 40	> 250

Abbildung 7: Größenklassen nach § 267 HGB

Beispiel: Die MG-AG hat am 31.12.01 eine Bilanzsumme von 18 Mio. €, einen Umsatz von 13 Mio. € und 48 Arbeitnehmer. Am 31.12.02 hat sie eine Bilanzsumme von 19 Mio. €, einen Umsatz von 9 Mio. € und 54 Arbeitnehmer.

Die MG-AG ist als mittelgroße Kapitalgesellschaft einzustufen, da zwei der drei Größenmerkmale an den Abschlussstichtagen von zwei aufeinander folgenden Geschäftsjahren überschritten werden. Am 31.12.01 sind die Größenmerkmale Bilanzsumme und Umsatz überschritten; am 31.12.02 sind es die Größenmerkmale Bilanzsumme und Arbeitnehmer. Es ist nicht erforderlich, dass die gleichen Merkmale überschritten werden.

Das Publizitätsgesetz (PublG) enthält Vorschriften zur Rechnungslegung großer Personengesellschaften. Nach § 1 Abs. 1 PublG ist eine Personengesellschaft zur Rechnungslegung nach PublG verpflichtet, wenn sie mindestens zwei der drei nachstehenden Größenmerkmale an mindestens drei aufeinanderfolgenden Abschlussstichtagen erfüllt:

Bilanzsumme in Mio. €	Umsatz in Mio. €	Arbeitnehmer
> 65	> 130	> 5.000

Abbildung 8: Größenklassen nach § 1 PublG

Sofern eine Personengesellschaft aufgrund ihrer Größe nach § 1 Abs. 1 PublG zur Rechnungslegung verpflichtet ist, gelten gem. § 5 Abs. 1 PublG die strengen Vorschriften für Kapitalgesellschaften sinngemäß.

Im Folgenden wird, sofern nichts Abweichendes angegeben wird, immer vom Vorliegen einer großen Kapitalgesellschaft ausgegangen, um die Bilanzierungsvorschriften möglichst vollständig darzustellen.

1.4 Aufstellung, Prüfung, Feststellung und Offenlegung

Der zeitliche Ablauf der Jahresabschlusserstellung lässt sich in die Phasen Aufstellung, Prüfung, Feststellung und Offenlegung des Jahresabschlusses unterteilen.

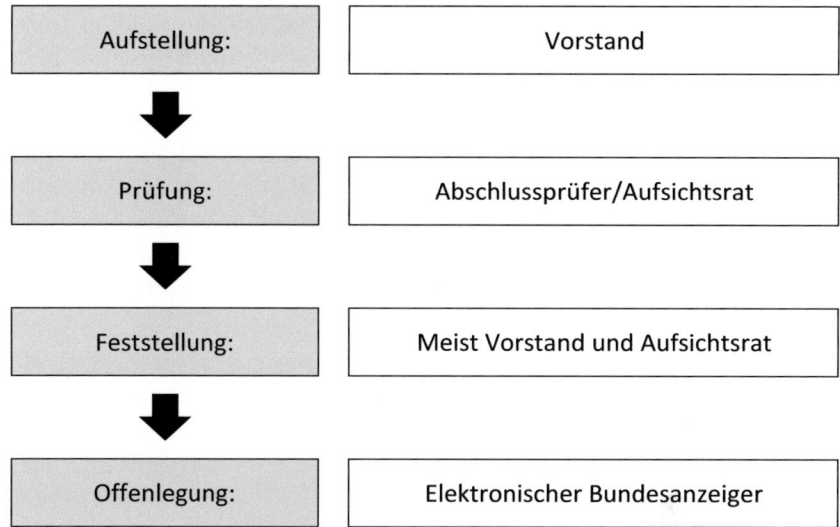

Abbildung 9: Von der Aufstellung bis zur Offenlegung des Jahresabschlusses

Unter der **Aufstellung des Jahresabschlusses** versteht man die Aufbereitung der Jahresabschlussinformationen. Das Handelsrecht regelt die Aufstellungsfristen in Abhängigkeit von der Rechtsform der Unternehmung.

- Einzelunternehmungen und Personengesellschaften, die nicht dem PublG unterliegen, müssen nach § 243 Abs. 3 HGB den Jahresabschluss innerhalb der Zeit aufstellen, die einem ordnungsmäßigen Geschäftsgang entspricht. Als angemessen gilt ein Zeitraum von bis zu 12 Monaten.
- Personengesellschaften, die dem PublG unterliegen, haben nach § 5 Abs. 1 PublG den Jahresabschluss in den ersten drei Monaten des neuen Geschäftsjahres aufzustellen.
- Kapitalgesellschaften und Personenhandelsgesellschaften i. S. d. § 264a HGB müssen nach § 264 Abs. 1 HGB ebenfalls den Jahresabschluss in den ersten drei Monaten des neuen Geschäftsjahres aufstellen. Kleine Kapitalgesellschaften dürfen den Jahresabschluss auch später aufstellen, spätestens jedoch mit Ablauf des sechsten Monats des neuen Geschäftsjahres (§ 264 Abs. 1 HGB).

Der Jahresabschluss und der Lagebericht von Kapitalgesellschaften (Ausnahme: kleine Kapitalgesellschaften) müssen nach § 316 HGB von einem Abschlussprüfer (Wirtschaftsprüfer, vereidigter Buchprüfer) geprüft werden. Dies soll die Verlässlichkeit der Jahresabschlussinformationen sicherstellen. Die **Prüfung des Jahresabschlusses** ist Voraussetzung für die Feststellung des Jahresabschlusses, d. h. ohne Prüfung kann der Jahresabschluss nicht festgestellt werden. Die Feststellungsfrist beträgt bei Personengesellschaften, die dem PublG unterliegen zwölf Monate, bei Aktiengesellschaften und Gesellschaften mit beschränkter Haftung acht Monate (Ausnahme: kleine GmbH elf Monate).

Mit der anschließenden **Feststellung des Jahresabschlusses** werden die vorliegenden Jahresabschlussinformationen als korrekt anerkannt. Zur Feststellung bedarf es eines Feststellungsbeschlusses durch die Gesellschafter. Bei einer AG wird der Jahresabschluss grundsätzlich durch den Vorstand und Aufsichtsrat gemeinsam festgestellt. Im Ausnahmefall nimmt die Hauptversammlung die Feststellung vor.

Nach der Feststellung muss der Jahresabschluss noch offengelegt werden. Als **Offenlegung** bezeichnet man die Einreichung des Jahresabschlusses im Handelsregister bzw. die Bekanntgabe im Bundesanzeiger. Zur Rechnungslegung verpflichtete Unternehmen haben den Jahresabschluss innerhalb von zwölf Monaten einzureichen. Bei kapitalmarktorientierten Unternehmen verkürzt sich diese Frist auf vier Monate.

1.5 Inventur als Basis des Jahresabschlusses

Die Buchführung eines Unternehmens muss alle Vorgänge aufzeichnen, die zu einer Veränderung des Vermögens bzw. der Schulden führen. Dazu müssen zunächst das Vermögen und die Schulden des Unternehmens erfasst werden. Diesen Vorgang nennt man Inventur. Die mit Hilfe der **Inventur** ermittelten Bestände der einzelnen Vermögensposten und Schulden werden anschließend in einem Bestandsverzeichnis, dem **Inventar**, zusammengefasst.

Die Inventur dient der Kontrolle der buchmäßigen Bestände. Die Inventur erstreckt sich auf alle Vermögensgegenstände und alle Schulden, die an einem bestimmten Tag sowohl mengenmäßig als auch wertmäßig zu erfassen sind.

Nach Art der Durchführung unterscheidet man die körperliche Inventur und die Buchinventur.Bei der körperlichen Inventur werden die körperlichen Gegenstände (= „Sachen", § 90 BGB) durch Zählen, Messen, Wiegen und Bewerten aufgenommen. Von der jährlichen körperlichen Bestandsaufnahme des beweglichen Anlagevermögens kann abgesehen werden, wenn der Kaufmann jeden Zugang und jeden Abgang dieser Gegenstände laufend in ein Bestandsverzeichnis (Anlagenverzeichnis) einträgt und die am Bilanzstichtag vorhandenen Gegenstände des beweglichen Anlagevermögens aufgrund dieses Verzeichnisses ermittelt werden können (R 31 Abs. 5 S. 1 EStR). Dieses Verzeichnis kann auch in Form einer Anlagenkartei geführt werden (R 31 Abs. 5 S. 2 EStR).Die Buchinventur umfasst die nicht körperlichen Vermögensgegenstände (z. B. Forderungen) und Schulden, die mit Hilfe von Belegen und buchhalterischen Aufzeichnungen wertmäßig erfasst werden.

Nach dem HGB sind mehrere Inventurverfahren zulässig:

- **Stichtagsinventur (§ 240 Abs. 1 u. 2 HGB):** Die Grundform der körperlichen Bestandsaufnahme bildet die Stichtagsinventur. Sie muss nicht am Bilanzstichtag selbst, sondern kann zeitnah innerhalb einer Frist von zehn Tagen vor oder nach dem Bilanzstichtag durchgeführt werden. Dabei ist sicherzustellen, dass eine Vor- oder Rückrechnung auf den genauen Bestand am Abschlussstichtag möglich ist (R 30 Abs. 1 EStR).

- **Permanente Inventur (§ 241 Abs. 2 HGB):** Eine Abweichung des Inventurzeitpunktes vom Bilanzstichtag erlaubt die Vorschrift über die permanente Inventur. Sie darf dem Inventar zugrunde gelegt werden, wenn eine besondere Lagerbuchführung (Lagerkartei) besteht. Bei dieser Methode ist sicherzustellen, dass jede Lagerposition einmal im Laufe des Jahres (nicht unbedingt am Schluss des Geschäftsjahres) überprüft wird. Die permanente Inventur darf jedoch nicht auf Bestände angewandt werden, die unkontrollierbarem Schwund unterliegen oder die besonders wertvoll sind.

- **Zeitverschobene Inventur (§ 241 Abs. 3 HGB):** Die zeitverschobene Inventur findet bis zu drei Monate vor oder zwei Monate nach dem Bilanzstichtag statt. Es erfolgt eine mengen- und wertmäßige Berechnung auf den Inventurstichtag. Die Umrechnung auf den Bilanzstichtag erfolgt nur wertmäßig unter Berücksichtigung des zwischenzeitlichen Wareneinkaufs und Wareneinsatzes. Die zeitverschobene Inventur ist für viele Betriebe eine Erleichterung, da die Inventurpositionen nur wertmäßig und nicht mengenmäßig fortzuschreiben oder rückzurechnen sind.

- **Stichprobeninventur (§ 241 Abs. 1 HGB):** Nach § 241 Abs. 1 HGB ist es zulässig, die körperliche Bestandsaufnahme auf Stichproben zu beschränken und mit Hilfe anerkannter mathematisch-statistischer Verfahren den Gesamtbestand zu errechnen.

Die durch die Inventur ermittelten Vermögensgegenstände und Schulden werden nach Art, Menge und unter Angabe ihres Wertes in dem Inventar aufgeführt. Das Inventar ist ein ausführliches Verzeichnis, das alle Vermögensgegenstände und Schulden nach Art, Menge und Wert ausweist. Es besteht aus drei Teilen und wird in Staffelform aufgestellt:

- **Vermögen:** Das Vermögen wird im Inventar nach seiner Liquidierbarkeit geordnet, d.h. nach dem Grad, wie schnell es in Geld umgewandelt werden kann („Flüssigkeit"). Die langsam liquidierbaren Gegenstände werden im Inventar zuerst und die flüssigsten Vermögensgegenstände zuletzt aufgeführt.
- **Schulden:** Die Schulden gliedert man im Inventar nach ihrer Fälligkeit bzw. Dringlichkeit der Zahlung. Dabei unterscheidet man zwischen langfristigen Schulden (z. B. Hypotheken-, Darlehensschulden) und kurzfristigen Schulden (z. B. Lieferschulden, Bankschulden). Als kurzfristig bezeichnet man i. d. R. Schulden mit einer Laufzeit von unter einem Jahr.
- **Eigenkapital (Betriebs- bzw. Reinvermögen):** Bildet man die Differenz zwischen der Summe des Vermögens und der Summe der Schulden, erhält man das Eigenkapital (oder Betriebs- bzw. Reinvermögen).

Das Inventar bildet die Bestände der am Abschlussstichtag vorhandenen Vermögensgegenstände und Schulden ab. Es dient zur Kontrolle, ob die ermittelten Bestände mit den Daten aus der Buchführung übereinstimmen. Bei Abweichungen sind die Buchbestände an die durch die Inventur ermittelten Werte anzupassen. Somit bildet das Inventar grundsätzlich die Basis für die in der Bilanz auszuweisenden Vermögensgegenstände und Schulden.

2 Grundsätze ordnungsmäßiger Buchführung

2.1 Begriff und Ermittlung

Obwohl der Gesetzgeber bei der Erstellung des Jahresabschlusses mehrfach auf die Grundsätze ordnungsmäßiger Buchführung verweist (§§ 238 Abs. 1 S. 1, 243 Abs. 1, 264 Abs. 1 S. 1 HGB), findet man im HGB keine Definition für diesen Begriff. Bei den Grundsätzen ordnungsmäßiger Buchführung handelt es sich somit um einen unbestimmten Rechtbegriff. Allgemein werden unter den Grundsätzen ordnungsmäßiger Buchführung, die Grundprinzipien verstanden, die ein ordentlicher Kaufmann bei der Buchführung und der Jahresabschlusserstellung beachten soll. Daher gelten diese Grundsätze unabhängig von der Rechtsform für alle Kaufleute. Einige Grundsätze ordnungsmäßiger Buchführung hat der Gesetzgeber in das HGB aufgenommen (insbesondere in § 252 HGB), man spricht hier von kodifizierten GoB. Aber auch die nicht kodifizierten Grundsätze ordnungsmäßiger Buchführung, die also nicht in das HGB aufgenommen wurden (wie z. B. der Grundsatz der Wirtschaftlichkeit), sind bei der Buchführung und Jahresabschlusserstellung verbindlich anzuwenden.

Der Gesetzgeber hat den GoB-Begriff bewusst unbestimmt gelassen und keine detaillierte Definition gegeben, die das System der Grundsätze untereinander erläutert. Zwar sind detaillierte Regelungen leichter zu verstehen und zu befolgen, jedoch wäre hiermit der Nachteil verbunden, dass infolge der permanenten Veränderungen und Weiterentwicklungen im heutigen Wirtschaftsleben diese Regelungen ständig angepasst und aktualisiert werden müssten. Durch den Verweis auf die unbestimmten GoB stellt der Gesetzgeber sicher, dass bei neuen Bilanzierungsproblemen und/oder gesetzlichen Regelungslücken nicht erst eine neue detaillierte Vorschrift erlassen werden muss, sondern immer eine Lösung durch Rückgriff auf die allgemeinen Grundprinzipien der Bilanzierung und Bewertung gefunden werden kann.

Da es sich bei den GoB um einen unbestimmten Rechtsbegriff handelt, stellt sich die Frage, wie die GoB zu bestimmen und auszulegen sind.

Bei der **induktiven Methode** zur Gewinnung von Grundsätzen ordnungsmäßiger Buchführung werden die Buchführungs- und Bilanzierungspraktiken ordentlicher und ehrenwerter Kaufleute als GoB interpretiert. Problematisch ist dabei, dass bei einem neuen Bilanzierungsproblem noch keine einheitliche Praxis oder Verfahrensweise bestehen kann. Insbesondere könnte dann auch strittig sein, wer alles als ordentlicher und ehrenwerter Kaufmann in Frage kommt. Ferner könnten die ehrenwerten Kaufleute auch der Versuchung unterliegen, durch ihre Bilanzierungspraxis bestimmte Handlungsbräuche zu gestalten.

Bei der **deduktiven Methode** werden die Grundsätze ordnungsmäßiger Buchführung aus dem Rechnungslegungszweck abgeleitet. Diese Methode wäre jedoch nur dann eindeutig zielführend, wenn es nur einen Rechnungslegungszweck gibt. Da der handelsrechtliche Jahresabschluss aber mehreren Zwecken dient (z. B. Informations- und Zahlungsbemessungsfunktion), sind aufgrund der Mehrdeutigkeit unterschiedliche Auslegungen und Gewichtungen der abgeleiteten GoB nicht ausgeschlossen.

Die **hermeneutische Methode** versucht die Probleme der induktiven und deduktiven Methode zu beheben. Im Rahmen der hermeneutischen Methode werden bei der Auslegung von Bilanzierungsregelungen der Wille des Gesetzgebers, die Entstehungsgeschichte der einzelnen Vorschriften usw. berücksichtigt. Die Hermeneutik versteht sich daher als ganzheitliche Methode zur Gewinnung von GoB.

2.2 System der Grundsätze ordnungsmäßiger Buchführung

Bisher gibt es in der Literatur keine einheitliche Systematisierung und hierarchische Ordnung der Grundsätze ordnungsmäßige Buchführung. Sinnvoll erscheint eine Unterteilung in Rahmen-, Abgrenzungs- und ergänzende Grundsätze.

2.2.1 Rahmengrundsätze

Die Rahmengrundsätze bestimmen die elementaren Anforderungen an die Informationsvermittlung. Zu den Rahmengrundsätzen gehören die Grundsätze der Richtigkeit und Willkürfreiheit, der Bilanzklarheit, der Bilanzidentität, der Vollständigkeit, der Wirtschaftlich- und Wesentlichkeit sowie der Stetigkeit.

2.2.1.1 Richtigkeit und Willkürfreiheit

Die Grundsätze der Richtigkeit und Willkürfreiheit werden in der Literatur oft auch zum Grundsatz der Bilanzwahrheit zusammengefasst. Der Grundsatz der Bilanzwahrheit leitet sich aus § 239 Abs. 2 HGB ab, wonach die in der Rechnungslegung dargestellten Geschäftsvorfälle den Tatsachen zu entsprechen haben. Es ist offensichtlich, dass der Grundsatz der Bilanzwahrheit von fundamentaler Bedeutung für die Jahresabschlussadressaten ist. Sollten die Jahresabschlussinformationen nicht der Wahrheit entsprechen, können die Jahresabschlussadressaten die wirtschaftliche Lage des Unternehmens nicht beurteilen. Der philosophisch geprägte Begriff der Wahrheit wird durch die Richtigkeit und Willkürfreiheit konkretisiert. Die Richtigkeit der Bilanzierung liegt vor, wenn die Darstellung der Geschäftsvorfälle in der Buchführung und im Jahresabschluss im Einklang mit den gesetzlichen Rechnungslegungsnormen steht.

Beispiel: Die Nichtbuchung ungünstiger buchungspflichtiger Geschäftsvorfälle oder der Ausweis einer Verbindlichkeit als Rückstellung verstoßen gegen den Grundsatz der Richtigkeit.

Bei vielen Bilanzierungsfragen besitzt der Bilanzierende einen Ermessensspielraum, wie z. B. bei der Schätzung der Nutzungsdauer eines Vermögensgegenstandes oder der Höhe einer zu bildenden Rückstellung. Der Grundsatz der Willkürfreiheit fordert, dass der Bilanzierende von realistischen Annahmen ausgeht und von seinen zugrundeliegenden Annahmen überzeugt ist. Es ist offensichtlich, dass der Grundsatz der Willkürfreiheit nur sehr schwierig intersubjektiv nachzuprüfen ist, und somit bei bestehenden Ermessensspielräumen des Bilanzierenden immer davon ausgegangen werden darf, dass diese wohl eher zu seinen Gunsten als zu seinen Ungunsten ausgenutzt werden.

2.2.1.2 Bilanzklarheit

Der Grundsatz der Bilanzklarheit leitet sich aus § 243 Abs. 2 HGB ab, wonach der Jahresabschluss klar und übersichtlich sein muss. Gegenstand des Grundsatzes der Bilanzklarheit ist somit die formale Gestaltung des Jahresabschlusses. Der Jahresabschluss muss übersichtlich sowie angemessen tief gegliedert und die einzelnen Jahresabschlussposten müssen eindeutig bezeichnet sein, damit für die Jahresabschlussadressaten die inhaltlichen Unterschiede der einzelnen Posten erkennbar werden. Für Kapitalgesellschaften und haftungsbegrenzte Personengesellschaften folgt daraus, dass sie das Mindestgliederungsschema des § 266 HGB verbindlich einzuhalten haben.

Aus dem Grundsatz der Bilanzklarheit leitet sich auch das Saldierungsverbot gem. § 246 Abs. 2 S. 1 HGB ab, welches besagt, dass Vermögensgegenstände und Schulden sowie Aufwendungen und Erträge grundsätzlich nicht miteinander verrechnet werden dürfen.

Beispiel: Die Verrechnung von erhaltenen mit geleisteten Anzahlungen verstößt gegen das Saldierungsverbot gem. § 246 Abs. 2 S. 1 HGB.

Der Grundsatz der Bilanzklarheit wäre verletzt, wenn sowohl Bilanz als auch Gewinn- und Verlustrechnung aus nur wenigen saldierten Posten bestehen würde. Eine Ausnahme vom Saldierungsverbot besteht lediglich für Vermögensgegenstände, die ausschließlich zur Erfüllung von gegenüber Arbeitnehmer eingegangenen Schulden (z. B. Rückdeckungsansprüche im Zusammenhang mit einer Pensionsverpflichtung) dienen. Ziel des Grundsatzes der Bilanzklarheit ist, dass der Jahresabschluss verständlich ist. Verständlichkeit bedeutet, dass sich ein fachkundiger Dritter innerhalb einer angemessenen Zeitspanne einen Überblick über die wirtschaftliche Lage des Unternehmens verschaffen kann. Der formale Grundsatz der Bilanzklarheit kann nicht dazu führen, dass komplexe Geschäftsvorfälle nicht im Jahresabschluss abgebildet werden, nur weil diese schwierig verständlich darzustellen sind. Die Verständlichkeit erfordert nur, dass diese Geschäftsvorfälle so verständlich wie möglich im Jahresabschluss abgebildet werden.

2.2.1.3 Bilanzidentität

Der in § 252 Abs. 1 Nr. 1 HGB kodifizierte Grundsatz der Bilanzidentität (auch formelle Bilanzkontinuität genannt) besagt, dass die Wertansätze in der Eröffnungsbilanz des Geschäftsjahres mit denen der Schlussbilanz des vorherigen Geschäftsjahres übereinstimmen müssen. Der Grundsatz der Bilanzidentität garantiert eine kontinuierliche Gewinnermittlung im Sinne einer Totalrechnung, indem durch die Wahrung des Bilanzzusammenhangs der Gewinn über alle Perioden von Beginn bis zum Ende der unternehmerischen Tätigkeit vollständig und lückenlos erfasst wird. Hierdurch wird sichergestellt, dass die Summe aller einzelnen Periodengewinne mit dem Totalgewinn (= Gewinn während der gesamten unternehmerischen Tätigkeit) übereinstimmt.

Der Grundsatz der Bilanzidentität bewirkt, dass sich bilanzpolitische Maßnahmen im Zeitablauf ins Gegenteil umkehren und der Totalgewinn hierdurch unberührt bleibt.

Beispiel: Ein Unternehmen möchte einen hohen Gewinnausweis in der laufenden Periode 01 und übt daher das in § 248 Abs. 2 S. 1 HGB gewährte Aktivierungswahlrecht für Entwicklungskosten am 31.12.01 aus. Die am 31.12.01 in der Bilanz aktivierten Entwicklungskosten werden anschließend über zwei Jahre abgeschrieben.

Im Jahr 01 bewirkt die Aktivierung, dass die Entwicklungskosten nicht in die Gewinn- und Verlustrechnung fließen, sodass sie den Gewinn nicht schmälern und der Gewinnausweis erhöht wird. In den beiden Folgejahren werden jedoch die Abschreibungen in der Gewinn- und Verlustrechnung als Aufwendungen erfasst, welche den Gewinn in den beiden Folgeperioden mindern.

2.2.1.4 Vollständigkeit

Der Grundsatz der Vollständigkeit ergibt sich aus den §§ 239 Abs. 2 und 246 Abs. 1 HGB. Nach § 239 Abs. 2 HGB müssen alle buchungspflichtigen Geschäftsvorfälle in der Buchführung vollständig erfasst werden und nach § 246 Abs. 1 HGB sind sämtliche Vermögensgegenstände, Schulden, Rechnungsabgrenzungsposten, Aufwendungen und Erträge in den Jahresabschluss aufzunehmen, sofern gesetzlich nichts anderes bestimmt ist.

Es ist offensichtlich, dass die Jahresabschlussadressaten die wirtschaftliche Lage des Unternehmens nur dann zutreffend beurteilen können, wenn alle relevanten Geschäftsvorfälle im Jahresabschluss abgebildet werden. Der Grundsatz der Vollständigkeit wird durch den Grundsatz der Wesentlichkeit und Wirtschaftlichkeit eingeschränkt. Bei Vermögensgegenständen, die zwar bereits abgeschrieben, aber noch im Unternehmen genutzt werden, wird durch den Ansatz eines Erinnerungsposten in Höhe von 1,- Euro dem Grundsatz der Vollständigkeit genügt.

2.2.1.5 Grundsatz der Wesentlichkeit und Wirtschaftlichkeit

Für das Bereitstellen der Jahresabschlussinformationen entstehen dem bilanzierenden Unternehmen entsprechende Kosten. Je höher und besser der bereitgestellte Informationsgrad ist, desto höher sind auch die Kosten, da die Kosten der Jahresabschlusserstellung und auch der Prüfung steigen. Der Grundsatz der Wirtschaftlichkeit berücksichtigt nun, dass eine Steigerung der Qualität und Quantität der Informationen nur dann gerechtfertigt ist, wenn der hierdurch entstehende Ertrag die zusätzlichen Aufwendungen übersteigt. Vereinfachend ausgedrückt bedeutet dies, dass bei unwesentlichen Sachverhalten Ungenauigkeiten zu Gunsten der Wirtschaftlichkeit in Kauf genommen werden.

> **Beispiel:** In einem Baumarkt muss nicht jede einzelne Schraube bewertet werden.

2.2.1.6 Stetigkeit und Vergleichbarkeit

Der Jahresabschluss dient den Jahresabschlussadressaten als Entscheidungsgrundlage. Die Vergleichbarkeit umfasst einerseits den Vergleich mit anderen Unternehmen (zwischenbetrieblicher Vergleich) und andererseits den Vergleich mit den vergangenen Perioden (zeitlicher Vergleich). Für einen zeit- und zwischenbetrieblichen Vergleich wäre es ideal, wenn es keine Wahlrechte bei der Bilanzierung und Bewertung geben würde, weil dann alle Unternehmen zu jeder Zeit nach denselben Regel einheitlich bilanzieren müssten. Allerdings bestehen bei vielen Jahresabschlusspositionen Bilanzierungs- oder Bewertungswahlrechte. Um dennoch einen sinnvollen zeit- oder zwischenbetrieblichen Vergleich durchführen zu können, ist der Grundsatz der Bewertungsstetigkeit von großer Bedeutung.

Beim Grundsatz der Stetigkeit wird zwischen der formellen und der materiellen Stetigkeit differenziert. Formelle Stetigkeit bedeutet, dass im laufenden Jahresabschluss die Form des vorherigen Jahresabschlusses, insbesondere die Gliederung und die Postenbezeichnungen, beibehalten werden. Materielle Stetigkeit bedeutet, dass im laufenden Jahresabschluss die Ansatz- und Bewertungsmethoden des vorhergehenden Jahresabschlusses beizubehalten sind. Die Ansatzstetigkeit ist in § 246 Abs. 3 HGB kodifiziert und ist immer dann relevant, wenn über den Ansatz gleichartiger Vermögensgegenstände eine Entscheidung getroffen werden muss.

> **Beispiel:** Ein Automobilunternehmen hat in der Periode 01 neue Bremsvorrichtungen entwickelt und übt am 31.12.01 das in § 248 Abs. 2 HGB gewährte Aktivierungswahlrecht aus und aktiviert seine Entwicklungs-

kosten. In Periode 02 hat das Unternehmen erfolgreich einen neuen Elektromotor entwickelt, möchte nun die Entwicklungskosten hierfür aber nicht aktivieren.

Aufgrund des Grundsatzes der Ansatzstetigkeit müssen auch die Entwicklungskosten für den Elektromotor aktiviert werden, weil sich das Unternehmen in der Periode 01 dazu entschlossen hat, seine Entwicklungskosten zu aktivieren.

Die Stetigkeit der Bewertungsmethoden (§ 252 Abs 1 Nr. 6 HGB) besagt, dass eine einmal gewählte Bewertungsmethode beibehalten werden muss.

Beispiel: Das Unternehmen A hat bisher bei der Bewertung der Fertigerzeugnisse die Verwaltungskosten nicht mitberücksichtigt. Zur Verbesserung der Vermögenslage sollen nun die Verwaltungskosten bei der Ermittlung der Herstellungskosten der Fertigerzeugnisse berücksichtigt werden.

Es liegt eine willkürliche Änderung der Bewertungsmethode vor, die gegen den Grundsatz der Stetigkeit verstößt und somit unzulässig ist.

Eine Änderung der Ausübung von Ansatzwahlrechten oder ein Wechsel der Bewertungsmethode ist nur in begründeten Ausnahmefällen möglich, d.h. der Wechsel darf nicht willkürlich erfolgen, sondern es müssen hierfür vernünftige wirtschaftliche Gründe vorliegen.

Beispiel: Das Unternehmen B hat bisher seine Vorräte nach der Fifo-Methode bewertet. Bei der Inventur wird nun erkannt, dass die tatsächliche Verbrauchsfolge aber der Lifo-Methode entspricht.

In diesem Fall ist ein Wechsel von der Fifo zur Lifo-Methode möglich, da hierfür wirtschaftliche Gründe sprechen.

2.2.2   Abgrenzungsgrundsätze

Mit Hilfe der Abgrenzungsgrundsätze werden die Zeitpunkte für die Erfassung von Aufwendungen und Erträgen definiert.

2.2.2.1 Stichtagsprinzip

Nach § 252 Abs. 1 Nr. 3 HGB sind die Vermögensgegenstände und Schulden eines Unternehmens zum Abschlussstichtag zu bewerten. Der Abschlussstichtag (auch Bilanzstichtag genannt) stellt das Ende eines Geschäftsjahres dar. In der Regel entspricht das Geschäftsjahr dem Kalenderjahr, sodass der 31.12. der Abschlussstichtag ist.

Das Stichtagsprinzip hat eine mengenmäßige und eine wertmäßige Komponente. Die mengenmäßige Komponente besagt, dass lediglich die am Abschlussstichtag im Unternehmen vorhandenen Vermögensgegenstände und Schulden zu bewerten sind. Insofern ergänzt das Stichtagsprinzip den Grundsatz der Vollständigkeit, in dem die betrieblichen Sachverhalte zu einem bestimmten Zeitpunkt, dem Abschlussstichtag, abzubilden sind. Gemäß der wertmäßigen Komponente richtet sich die Bewertung dieser Vermögensgegenstände und Schulden nach den Verhältnissen und Einschätzungen am Abschlussstichtag.

Beispiel: Ein Unternehmen kauft Anfang Dezember 100 Wertpapiere zu einem Kurs von 100 € zu Spekulationszwecken. Mitte Dezember ist der Kurs auf 105 € gestiegen. Am 31.12. ist der Kurs auf 90 € gefallen.

Für die Bewertung der Wertpapiere sind die Verhältnisse am Abschlussstichtag maßgebend, die Kursschwankungen im Dezember sind bedeutungslos. Daher sind die Wertpapiere mit 9.000 € zu bewerten.

Der Abschlussstichtag ist vom Tag der Aufstellung des Jahresabschlusses (auch Tag der Bilanzaufstellung genannt) zu unterscheiden. Zwischen dem Abschlussstichtag und dem Tag der Aufstellung des Jahresabschlusses liegt aufgrund der umfangreichen Jahresabschlussarbeiten meist ein größer Zeitraum. Daher stellt sich die Frage, wie mit Informationen umzugehen ist, die innerhalb dieses Zeitraums bekannt werden. Dabei gilt der Grundsatz, dass nur die Sachverhalte, die bereits am Abschlussstichtag vorlagen, bei der Bilanzaufstellung berücksichtigt werden müssen. Man spricht hier von wertaufhellenden Informationen.

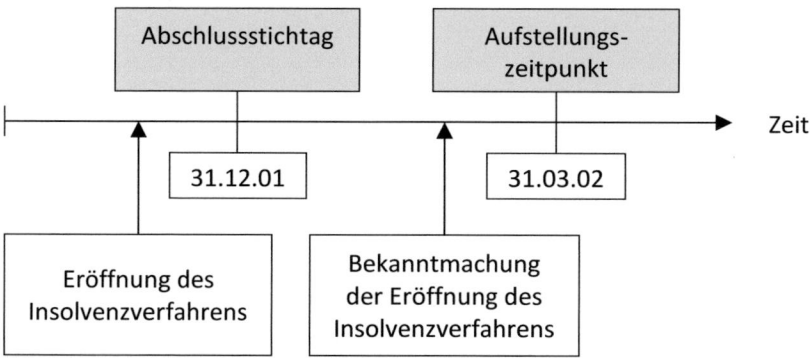

Abbildung 10: Wertaufhellende Informationen

Beispiel: Ein Unternehmen hat am 31.12.01 gegenüber einem Kunden eine Forderung in Höhe von 10.000 €. Am Abschlussstichtag ging das Unternehmen davon aus, dass der Kunde keine Liquiditätsschwierigkeiten hat. Allerdings wird bereits im Januar 02 (und somit vor dem Tag der Bilanzaufstellung) bekannt, dass am 28.12.01 das Insolvenzverfahren über das Vermögen des Kunden eröffnet wurde. Es ist mit einer Insolvenzquote von 25 % zu rechnen.

Die Eröffnung des Insolvenzverfahrens erfolgte noch im Geschäftsjahr 01. Durch die zwischen Abschlussstichtag und dem Tag der Aufstellung des Jahresabschlusses erlangten Informationen stellt sich heraus, dass die Annahme der ausreichenden Zahlungsfähigkeit des Kunden falsch war. Daher muss eine Wertberichtigung in Höhe von 75 % der Forderung erfolgen, sodass die Forderung nur noch in Höhe von 2.500 € auszuweisen ist.

Von den wertaufhellenden Informationen sind die wertbegründenden Informationen zu unterscheiden, die ebenfalls zwischen dem Bilanzstichtag und dem Tag der Aufstellung des Jahresabschlusses bekannt werden. Allerdings beziehen sich wertbegründende Informationen auf Ursachen des neuen Geschäftsjahres und waren am Abschlussstichtag nicht zu erwarten.

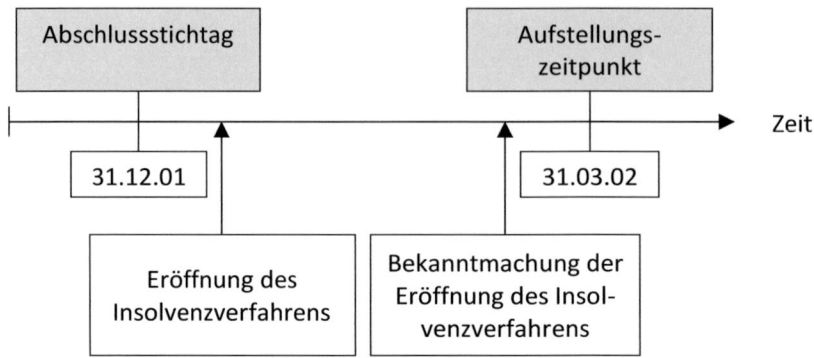

Abbildung 11: Wertbegründende Informationen

Beispiel: Ein Unternehmen hat am 31.12.01 gegenüber einem Kunden eine Forderung in Höhe von 10.000 €. Am Abschlussstichtag ging das Unternehmen davon aus, dass der Kunde keine Liquiditätsschwierigkeiten hat. Allerdings wird bereits im Februar 02 (und somit vor dem Tag der Bilanzaufstellung) bekannt, dass am 30.01.02 das Insolvenzverfahren über das Vermögen des Kunden eröffnet wurde. Es ist mit einer Insolvenzquote von 25 % zu rechnen.

Zum Zeitpunkt des Bilanzstichtags bestand noch die Zahlungsfähigkeit des Kunden. Die Eröffnung des Insolvenzverfahrens erfolgte erst im Geschäftsjahr 02. Somit darf in diesem Fall keine Wertberichtigung der Forderung vorgenommen werden, weil die Ursache hierfür nicht im abgelaufenen Geschäftsjahr 01 lag.

Anzumerken ist, dass zwar im Jahresabschluss wertbegründende Ereignisse unberücksichtigt bleiben, allerdings nach § 289 Abs. 2 Nr. 1 HGB im Lagebericht zwingend hierüber zu berichten ist, wenn die Ereignisse von besonderer Bedeutung sind.

2.2.2.2 Periodisierungsprinzip

Das Periodisierungsprinzip ist in § 252 Abs. 1 Nr. 5 HGB kodifiziert und verlangt, dass Aufwendungen und Erträge des Geschäftsjahrs unabhängig von den Zeitpunkten der entsprechenden Zahlungen im Jahresabschluss zu berücksichtigen sind. Daraus folgt, dass Aufwendungen und Erträge in dem

Geschäftsjahr zu erfassen sind, in dem sie bei wirtschaftlicher Betrachtungsweise verursacht worden sind. Das Periodisierungsprinzip wird durch die Grundsätze der Abgrenzung der Sache nach und der Abgrenzung der Zeit nach konkretisiert.

2.2.2.3 Abgrenzung der Sache nach

Der Grundsatz der Abgrenzung der Sache nach geht davon aus, dass Aufwendungen letztendlich nur getätigt werden, um einen bestimmten Ertrag zu erzielen. Somit besteht zwischen Aufwendungen und Erträgen eine Mittel-Zweck-Beziehung. Der Grundsatz der Abgrenzung der Sache nach fordert, dass den Erträgen des Geschäftsjahres die Aufwendungen zugeordnet werden, die zur Realisierung des Ertrags erforderlich waren. Das bedeutet, solange ein Ertrag noch nicht realisiert ist, müssen die zugehörigen Aufwendungen, in der Bilanz aktiviert werden.

Beispiel: Ein Handelsunternehmen kauf am 30.12.01 Waren in Höhe von 10.000 € ein (Barzahlung) und verkauft diese zu einem Preis von 12.000 € (Barzahlung) am 08.02.02.

Zwar entstehen bereits im Geschäftsjahr 01 die Ausgaben für den Wareneinkauf, aufgrund des Grundsatzes der Abgrenzung der Sache nach sind diese Ausgaben jedoch nicht als Aufwand des Geschäftsjahres 01 zu erfassen, weil der durch den Warenverkauf realisierte Ertrag erst im Geschäftsjahr 02 stattfindet. Daher müssen die Ausgaben in der Bilanz aktiviert werden, sodass im Geschäftsjahr 01 zu buchen ist:

Materialaufwand	10.000 €	an Kasse	10.000 €
Vorräte	10.000 €	an Materialaufwand	10.000 €

Im Geschäftsjahr 01 hat somit buchungstechnisch letztendlich nur ein Aktivtausch (Vorräte an Kasse) stattgefunden. Erst im Geschäftsjahr 02 wird der Aufwand für den Wareneinkauf berücksichtigt und dem durch den Warenverkauf realisierten Ertrag gegenübergestellt, sodass sich ein Erfolg von 2.000 € ergibt. Daher ist im Geschäftsjahr 02 zu buchen:

Materialaufwand	10.000 €	an Vorräte	10.000 €
Kasse	12.000 €	an Umsatzerträge	12.000 €

2.2.2.4 Abgrenzung der Zeit nach

Der Grundsatz der Abgrenzung der Zeit nach besagt, dass zeitraumbezogen anfallende Erträge und Aufwendungen zeitanteilig (pro rata temporis) den einzelnen Geschäftsjahren zugeordnet werden müssen. Typische Beispiele für zeitraumbezogene Erträge und Aufwendungen sind Zinseinnahmen bzw. –ausgaben und Mieteinnahmen bzw.- ausgaben.

Beispiel: Ein Unternehmen erhält am 30.06.02 von der Bank Zinsen in Höhe von 2.000 € für den Zeitraum 01.07.01 bis 30.06.02 gutgeschrieben. Da im Zeitraum 01.07.01 bis 30.06.02 der Bilanzstichtag liegt, sind die Zinserträge zeitanteilig dem Geschäftsjahr 01 (Zeitraum 01.07.01 bis 31.12.01) und zeitanteilig dem Geschäftsjahr 02 (Zeitraum 01.01.02 bis 30.06.02) zuzurechnen, sodass der Zinsertrag jeweils zur Hälfte auf das Geschäftsjahr 01 und 02 entfällt.

2.2.2.5 Vorsichtsprinzip

Eines der bedeutsamsten Prinzipien in der handelsrechtlichen Rechnungslegung stellt das Vorsichtsprinzip dar, welches als Bewertungsprinzip in § 252 Abs. 1 Nr. 4 HGB kodifiziert ist. Das Vorsichtsprinzip resultiert aus der Überlegung, dass sich ein Kaufmann nicht reicher darstellen soll als er ist. Daher werden Vermögensgegenstände infolge des Vorsichtsprinzips bei der Bewertung eher zu niedrig (Unterbewertung) und Schulden eher zu hoch (Überbewertung) angesetzt. Hierdurch kommt es tendenziell zur Bildung von stillen Reserven (auch stille Rücklagen genannt). Die vorsichtige Gewinnermittlung dient insbesondere dem Gläubigerschutz, da infolge des geringeren Gewinnausweises nicht mehr so viel an die Anteilseigner ausgeschüttet werden kann und somit genug Haftungsmasse im Unternehmen verbleibt, um die Zahlungsansprüche der Gläubiger zu bedienen. Das Vorsichtsprinzip wird durch das Imparitätsprinzip und das Realisationsprinzip konkretisiert.

2.2.2.6 Realisationsprinzip

Das in § 252 Abs. 1 Nr. 4 HGB kodifizierte Realisationsprinzip besagt, dass Gewinne nicht schon ausgewiesen werden dürfen, wenn sie bestimmbar sind, sondern erst dann, wenn sie durch einen Umsatzakt realisiert wurden.

> **Beispiel:** Unternehmer Brause hatte vor Jahren ein unbebautes Grundstück für 300.000 € erworben und könnte jetzt bei einer Veräußerung einen Verkaufspreis von 500.000 € erzielen.
>
> Da das Grundstück noch nicht veräußert wurde, darf der noch nicht realisierte Gewinn in Höhe von 200.000 € nicht ausgewiesen werden. Das Grundstück ist weiterhin mit den Anschaffungskosten in Höhe von 300.000 € zu bewerten.

Ein Gewinn gilt als realisiert, wenn der Kaufmann alle vertraglichen Pflichten zur Durchführung des Umsatzgeschäftes erledigt hat. Somit ist grundsätzlich der Zeitpunkt der Lieferung oder Leistung als Zeitpunkt der Gewinnrealisierung anzusehen (Zeitpunkt des Gefahrenübergangs). Das Realisationsprinzip bewirkt, dass der Ausweis von Gewinnen zeitlich nach hinten verschoben wird.

> **Beispiel:** Kaufmann Brause hat mit Kaufvertrag vom 28.12.01 Waren, die er zuvor für 800 € eingekauft hatte, zu einem Preis von 1.000 € verkauft. Am 06.01.02 liefert er die Waren an seinen Kunden aus.
>
> Obwohl der Gewinn in Höhe von 200 € bereits am 28.12.01 bestimmbar ist, darf er im Jahresabschluss 01 noch nicht ausgewiesen werden, da für den Zeitpunkt der Gewinnrealisierung nicht das Verpflichtungsgeschäft (Kaufvertrag), sondern das Erfüllungsgeschäft (Lieferung) maßgebend ist. Folglich wird der Gewinn erst zeitlich später im Jahresabschluss 02 berücksichtigt.

Im Umkehrschluss ergibt sich, dass mit noch nicht verkauften Vermögensgegenständen kein Gewinn realisiert werden kann. Solange diese Vermögensgegenstände sich im Unternehmen befinden, dürfen sie daher nur mit den Aufwendungen bewertet werden, die bei der Anschaffung oder Herstellung angefallen sind. Hieraus leitet sich das sog. Anschaffungs-/Herstellungskostenprinzip gem. § 253 Abs. 1 HGB ab. Danach sind Vermögensgegenstände höchstens mit den Anschaffungs- bzw. Herstellungskosten, vermindert um die Abschreibungen, anzusetzen. Das bedeutet die Obergrenze der Bewertung von Vermögensgegenständen bilden die Anschaffungs- bzw. Herstellungskosten (Ausnahmen: § 253 Abs. 1 S. 4 HGB und § 340e Abs. 3 HGB).

2.2.2.7 Imparitätsprinzip

Während das Realisationsprinzip sich mit der zeitlichen Erfassung von Gewinnen auseinandersetzt, zielt das Imparitätsprinzip auf die zeitliche Erfassung von Verlusten ab. Bereits der Name Imparitätsprinzip (lat. impar = ungleich) verdeutlicht, dass unrealisierte Verluste anders behandelt werden als unrealisierte Gewinne. Nach § 252 Abs. 1 Nr. 4 HGB sind alle vorhersehbaren Risiken und Verluste, die bis zum Abschlussstichtag entstanden sind, zu berücksichtigen. Nicht realisierte Verluste müssen demnach sofort erfolgswirksam erfasst werden. Das Imparitätsprinzip bewirkt somit, dass Verluste zeitlich vorgezogen werden.

Beispiel: Aufgrund gefallener Preise ist es am 31.12.01 vorhersehbar, dass Kaufmann Brause einen Warenbestand, den er zuvor für 800 € eingekauft hatte, im nächsten Jahr nur noch zu einem Preis von 700 € verkaufen kann.

Obwohl die Waren im Geschäftsjahr 01 noch nicht verkauft worden sind, muss der aus dem künftigen Verkaufsgeschäft entstehende Verlust bereits vorweggenommen werden, sodass der Warenbestand am 31.12.01 nur noch mit 700 € zu bewerten ist.

Das Imparitätsprinzip wird bei der Bewertung von Vermögensgegenständen durch das Niederstwertprinzip und bei der Bewertung von Schulden durch das Höchstwertprinzip konkretisiert. Das Niederstwertprinzip existiert in zwei Formen. Das gemilderte Niederstwertprinzip gilt für das Anlagevermögen und besagt, dass nur bei einer dauerhaften Wertminderung eine außerplanmäßige Wertkorrektur vorgenommen werden darf. Dagegen gilt beim Umlaufvermögen das Niederstwertprinzip in seiner strengen Form, sodass auch schon bei einer nur vorübergehenden Wertminderung eine Wertkorrektur vorzunehmen ist. Analog zum Niederstwertprinzip bei Vermögensgegenständen ist das Höchstwertprinzip bei Schulden anzuwenden, sodass diese mit dem höheren Wert anzusetzen sind, wenn der Rückzahlungsbetrag über dem Buchwert liegt.

2.2.3 Ergänzende Grundsätze

Die folgenden Grundsätze ergänzen die Rahmen- und Abgrenzungsgrundsätze im Hinblick auf die Funktionen des Jahresabschlusses.

2.2.3.1 Grundsatz der Unternehmensfortführung

Der Grundsatz der Unternehmensfortführung (auch Going-Concern-Prinzip genannt) ist in § 252 Abs. 1 Nr. 2 HGB kodifiziert, und besagt, dass bei der Bewertung der Vermögensgegenstände und Schulden von der Fortführung der Unternehmenstätigkeit auszugehen ist, sofern dem nicht tatsächliche oder rechtliche Gegebenheiten entgegenstehen. Daher ist grundsätzlich von der planmäßigen Nutzung der Vermögensgegenstände innerhalb des Unternehmens auszugehen, sodass ein Ansatz von Liquidationswerten unzulässig ist. Hierdurch wird gewährleistet, dass der Jahresabschluss tatsächlich die wirtschaftliche Lage des Unternehmens abbildet.

Beispiel: Ein Unternehmen hat eine Spezialanlage für 5.000.000 € angeschafft, die nur für das Unternehmen einen Nutzen stiftet. Würde man bei der Bilanzierung nicht von der Fortführung des Unternehmens ausgehen, müsste die Spezialanlage mit dem Liquidationswert angesetzt werden. Da die Spezialanlage für andere Unternehmen nutzlos ist, könnte sie nur noch mit einem Bruchteil ihres Buchwertes angesetzt werden (im Extremfall nur mit dem Schrottwert).

Von der Annahme der Fortführung des Unternehmens darf nach § 252 Abs. 1 Nr. 2 HGB abgesehen werden, wenn dieser tatsächliche oder rechtliche Gegebenheiten entgegenstehen. Tatsächliche Gegebenheiten sind z. B. ein fehlender Nachfolger im Familienunternehmen oder Kreditunwürdigkeit bei dringend benötigtem Kreditbedarf. Rechtliche Gegebenheiten können z. B. in der Insolvenz oder nicht erfüllbaren Umweltschutzauflagen bestehen. Ob tatsächliche oder rechtliche Gegebenheiten vorliegen, welche der Annahme der Unternehmensfortführung entgegenstehen, ist nach den Verhältnissen am Abschlussstichtag zu beurteilen. Sofern die Fortführung der Geschäftstätigkeit bis zum nächsten Abschlussstichtag gewährleistet ist, kann von der Unternehmensfortführung ausgegangen werden.

2.2.3.2 Grundsatz der Einzelbewertung

Nach dem in § 252 Abs. 1 Nr. 3 HGB kodifizierten Grundsatz der Einzelbewertung sind grundsätzlich alle Vermögensgegenstände und Schulden zum Abschlussstichtag einzeln, d. h. unabhängig von den Wertverhältnissen anderer Vermögensgegenstände und Schulden, isoliert zu bewerten. Der Grundsatz der Einzelbewertung ist Ausfluss des Vorsichtsprinzips. Zum einen soll die Einzelbewertung von Vermögensgegenständen und Schulden sicherstellen, dass die Bilanzierung und Bewertung durch Dritte leichter nachvollzogen werden kann. Zum anderen wird sichergestellt, dass erforderliche Wertkorrekturen auch tatsächlich vorgenommen werden und nicht durch Wertkompensationen mit anderen Vermögensgegenständen unterbleiben.

Beispiel: Unternehmer Brause besitzt zwei betriebliche Grundstücke, die jeweils für 200.000 € angeschafft worden sind. Während bei einem Grundstück am Abschlussstichtag der Marktwert um 50.000 € unter den Buchwert gesunken ist, ist bei dem anderen Grundstück der Marktwert um 70.000 € über den Buchwert gestiegen.
Durch die Einzelbewertung wird sichergestellt, dass beim ersten Grundstück eine Abschreibung in Höhe von 50.000 € erfolgt. Das zweite Grundstück wird aufgrund des Anschaffungskostenprinzips unverändert mit 200.000 € ausgewiesen. Somit wird verhindert, dass eine Wertkompensation zwischen den beiden Grundstücken stattfindet.

Der Grundsatz der Einzelbewertung findet dort seine Grenzen, wo die Einzelbewertung aus wirtschaftlichen oder praktischen Gründen nicht mehr anwendbar ist (z. B. die Einzelbewertung aller Schrauben im Baumarkt). Für derartige Fälle hat das Handelsrecht dem Bilanzierenden sogenannte Bewertungsvereinfachungen (wie z. B. die Gruppenbewertung nach § 240 Abs. 4 HGB) zur Verfügung gestellt, die nur unter bestimmten Voraussetzungen angewandt werden dürfen.

3 Ansatzgrundsätze

3.1 Aktivierungsgrundsatz

Der Aktivierungsgrundsatz nach HGB sieht ein zweistufiges Verfahren vor. Auf der ersten Stufe wird die Frage beantwortet, ob ein Gut die Vermögensgegenstandseigenschaft besitzt (abstrakte Aktivierungsfähigkeit). Anschließend wird auf der zweiten Stufe geprüft, ob es ein konkretes Ansatzverbot bzw. –wahlrecht für diesen Vermögensgegenstand im Gesetz gibt, welches die Aktivierung verbietet bzw. eine Nichtaktivierung erlaubt. Existiert hierfür keine gesetzliche Vorschrift, dann ist der Vermögensgegenstand zwingend in der Bilanz zu aktivieren.

3.1.1 Abstrakte Aktivierungsfähigkeit

Die Frage, ob ein bestimmtes Gut abstrakt aktivierungsfähig ist, ist mit der Frage gleich zu setzen, ob es sich bei dem betrachteten Gut um einen Vermögensgegenstand handelt. Folglich grenzt die abstrakte Aktivierungsfähigkeit die Vermögensgegenstände von anderen Gütern, die keine Vermögensgegenstände sind, begrifflich ab. Obwohl der Begriff Vermögensgegenstand in zahlreichen Normen verwendet wird, existiert bis heute keine Definition dieses Begriffs im HGB. Folglich handelt es sich beim Vermögensgegenstand um einen unbestimmten Rechtsbegriff, der aus den Grundsätzen ordnungsmäßiger Buchführung unter Berücksichtigung der Jahresabschlussfunktionen zu bestimmen ist. Nach § 242 Abs. 1 HGB stellt die Bilanz eine Gegenüberstellung von Vermögen und Schulden dar, sodass ein Vermögensgegenstand als wirtschaftliches Potenzial zur Deckung der Schulden eines Unternehmens angesehen werden kann. Die Schuldendeckungsfähigkeit wird konkretisiert durch die selbstständige Verwertbarkeit. Selbständige Verwertbarkeit bedeutet, dass ein Gut oder ein wirtschaftlicher Wert zumindest dem Wesen nach außerhalb des Unternehmens durch Veräußerung, Einräumung von Nutzungsrechten oder den bedingten Verzicht in Geld transformiert werden kann. Ein Vermögensgegenstand liegt somit vor, wenn ein Gut selbstständig verwertbar ist.

Nach h. M. ist das Kriterium der selbstständigen Verwertbarkeit um die Einzelvollstreckbarkeit zu ergänzen, da es ansonsten möglich ist, dass ein Gut zwar ein wirtschaftliches Potenzial zur Schuldendeckung verkörpert, aber sowohl die Veräußerung als auch die Nutzungsüberlassung durch

Vertrag ausgeschlossen sind und auch eine Übertragung durch bedingten Verzicht unmöglich ist.

Beispiel: Die Überlassung von Nießbrauchrechten kann durch Vertrag ausgeschlossen werden, sodass die Verwertbarkeit des Nießbrauchrechts im gewöhnlichen Geschäftsverkehr nicht in Frage kommt. Im Rahmen der Zwangsvollstreckung ist jedoch weiterhin ein Schuldendeckungspotenzial vorhanden, weil das Nießbrauchrecht pfändbar ist.

Kann die Frage, ob ein Gut die Vermögensgegenstandseigenschaft besitzt, bejaht werden, dann ist das Gut abstrakt aktivierungsfähig und muss grundsätzlich in der Bilanz aktiviert werden. Wird die Vermögensgegenstandseigenschaft verneint, kommt die Aktivierung des Gutes grundsätzlich nicht in Frage. Etwas anderes gilt nur, wenn eine konkrete gesetzliche Vorschrift, etwas anderes verlangt.

3.1.2 Konkrete Aktivierungsfähigkeit

Im Rahmen der konkreten Aktivierungsfähigkeit wird untersucht, ob der Vermögensgegenstand im konkreten Fall auch tatsächlich zu aktivieren ist. Dazu muss der der Vermögensgegenstand dem Bilanzierenden zuzurechnen sein und es darf keine gesetzliche Vorschrift existieren, welche die Aktivierung verbietet (Aktivierungsverbot) bzw. eine Nichtaktivierung erlaubt (Aktivierungswahlrecht).

In der Bilanz dürfen nur die Vermögensgegenstände und Schulden ausgewiesen werden, die dem bilanzierenden Unternehmen zuzurechnen sind. Grundsätzlich erfolgt die Bilanzierung eines Vermögensgegenstandes beim zivilrechtlichen Eigentümer. Etwas anderes gilt nach § 246 Abs. 1 S. 2 HGB nur, wenn der Vermögensgegenstand nicht dem Eigentümer, sondern einem anderen wirtschaftlich zuzurechnen ist. Man spricht in diesem Fall vom wirtschaftlichen Eigentümer. Wirtschaftliches Eigentum liegt vor, wenn jemand anderes als der zivilrechtliche Eigentümer die tatsächliche Herrschaft über einen Vermögensgegenstand auf Dauer derart ausüben kann, dass er wirtschaftlich über Substanz und Ertrag verfügen kann. Dies bedeutet, sofern das zivilrechtliche und das wirtschaftliche Eigentum auseinanderfallen, dann erfolgt die Bilanzierung beim wirtschaftlichen Eigentümer.

Sofern die Zurechnungsfrage des Vermögensgegenstands geklärt ist, muss in einem zweiten Schritt geklärt werden, ob eine gesetzliche Vorschrift existiert, welche die Aktivierung des Vermögensgegenstands verbietet (Aktivierungsverbot) bzw. dessen Nichtaktivierung erlaubt (Aktivierungswahlrecht).

Die **Aktivierungsverbote** sind in § 248 HGB geregelt, danach dürfen die folgenden Aktivposten nicht in die Bilanz aufgenommen werden:

- Aufwendungen für die Gründung eines Unternehmens,
- Aufwendungen für die Beschaffung des Eigenkapitals,
- Aufwendungen für den Abschluss von Versicherungsverträgen und
- selbst geschaffene Marken, Drucktitel, Verlagsrechte, Kundenlisten oder vergleichbare immaterielle Vermögensgegenstände des Anlagevermögens.

Aktivierungswahlrechte bestehen für

- selbst geschaffene immaterielle Vermögensgegenstände des Anlagevermögens (§ 248 Abs. 2 S. 1 HGB) und das
- Disagio (§ 250 Abs. 3 S. 1 HGB).

Zwar soll die Aktivseite der Bilanz das Vermögen des Bilanzierenden widerspiegeln, dennoch dürfen zum Teil auch Güter, welche die Vermögensgegenstandseigenschaft nicht besitzen, aktiviert werden. Für diese Güter liegt aufgrund der fehlenden Vermögensgegenstandseigenschaft die abstrakte Aktivierungsfähigkeit nicht vor. Ihr Ansatz beruht lediglich auf einer gesetzlichen Vorschrift und ist somit nur auf die konkrete Aktivierungsfähigkeit zurückzuführen.

So fordert das HGB die Aktivierung

- eines entgeltlich erworbenen Geschäfts- oder Firmenwerts (§ 246 Abs. 1 S. 4 HGB) und
- aktiver Rechnungsabgrenzungsposten (§ 250 Abs. 1 HGB),

obwohl in beiden Fällen eine selbstständige Verwertbarkeit nicht gegeben ist.

Weiterhin besteht ein Aktivierungswahlrecht für aktive latente Steuern in § 274 Abs. 1 S. 2 HGB. Da aktive latente Steuern nicht selbstständig verwertbar sind, weisen sie ebenfalls die Vermögensgegenstandseigenschaft nicht auf. Auch ihr Ansatz ist daher nur aufgrund der konkreten Aktivierungsfähigkeit möglich.

3.2 Passivierungsgrundsatz

Der Passivierungsgrundsatz regelt den Ansatz von Schulden auf der Passivseite der Bilanz. Analog zum Aktivierungsgrundsatz wird auch hier zwischen abstrakter und konkreter Passivierungsfähigkeit differenziert. Im Rahmen der abstrakten Passivierungsfähigkeit wird untersucht, ob ein Sachverhalt eine Schuld darstellt. Diese Schuld ist dann zwingend zu passivieren, sofern keine konkreten Passivierungsverbote oder –wahlrechte existieren.

3.2.1 Abstrakte Passivierungsfähigkeit

Für das Vorliegen einer Schuld müssen die folgenden drei Kriterien erfüllt sein:

- Es besteht eine rechtliche oder wirtschaftliche Verpflichtung gegenüber einem Dritten,
- die in einer späteren Periode zu einer wirtschaftlichen Belastung führt und
- quantifizierbar, d. h. selbstständig bewertbar, ist.

Eine Verpflichtung zur Leistungserbringung besteht immer dann, wenn ein hinreichend konkreter Zwang zur Leistungserbringung vorliegt. Weiterhin muss die Verpflichtung gegenüber einem Dritten bestehen. Dabei kann zwischen rechtlichen Verpflichtungen (z. B. Verpflichtung aus einem Kaufvertrag) oder wirtschaftlichen Verpflichtungen (z. B. Kulanzleistungen ohne rechtliche Verpflichtung) unterschieden werden. Die zukünftige wirtschaftliche Belastung drückt sich in einer künftigen Vermögensminderung aus. Am Abschlussstichtag muss die Verpflichtung zumindest in einer Bandbreite bestimmt werden können.

Erfüllt ein Sachverhalt die obengenannten Kriterien, dann ist dieser Sachverhalt abstrakt passivierungsfähig und es liegt eine Schuld vor.

3.2.2 Konkrete Passivierungsfähigkeit

Analog zum Aktivierungsgrundsatz stellt sich auch beim Passivierungsgrundsatz zunächst die Frage, wem die Schuld zuzuordnen ist. Eine Schuld ist immer demjenigen zuzuordnen, auf dessen Namen sie begründet wurde.

Aus dem Grundsatz der Vollständigkeit (§ 246 Abs. 1 HGB) folgt für alle nach dem Passivierungsgrundsatz passivierungsfähigen Schulden eine Passivierungspflicht, weil es im HGB kein Passivierungsverbot für Schulden gibt.

Vergleichbar zur Aktivseite wird auch im Rahmen der konkreten Passivierungsfähigkeit die Passivierung bestimmter Posten aufgrund gesetzlicher Vorschriften verlangt. Bei den Posten, die nicht die abstrakte Passivierungsfähigkeit besitzen, handelt es sich um:

- Rückstellungen für unterlassene Aufwendungen für Instandhaltung, die im folgenden Geschäftsjahr innerhalb von drei Monaten, oder für Abraumbeseitigung, die im folgenden Geschäftsjahr nachgeholt werden (§ 249 Abs. 1 S. 2 Nr. 1 HGB),
- passive Rechnungsabgrenzungsposten (§ 250 Abs. 2 HGB) und die
- passiven latenten Steuern (§ 274 Abs. 1 S. 1 HGB).

4 Bilanzausweis

4.1 Aufbau und Gliederung der Bilanz

Bei der Bilanz erfolgt eine gedrängte Gegenüberstellung aller Vermögensgegenstände und Schulden in der Form eines „T-Kontos". Auf Mengen- und Einzelwertangaben wird aus Gründen der Übersichtlichkeit verzichtet. Auf der Aktivseite der Bilanz wird das Vermögen abgebildet und auf der Passivseite die Schulden. Somit zeigt die Passivseite an, woher die zur Anschaffung der Vermögensgegenstände erforderlichen Mittel stammen (z. B. aus einem Darlehen), während die Aktivseite darüber informiert, was für diese Mittel angeschafft wurde. Mit anderen Worten, die Passivseite gibt die Mittelherkunft und die Aktivseite die Mittelverwendung an.

Für Einzelkaufleute und nicht haftungsbeschränkte Personenhandelsgesellschaften (z. B. OHG, KG) sind nach § 247 Abs. 1 HGB das Anlage- und das Umlaufvermögen, das Eigenkapital, die Schulden sowie die sog. Rechnungsabgrenzungsposten gesondert auszuweisen und hinreichend aufzugliedern. Für Kapitalgesellschaften (z. B. AG, GmbH) und haftungsbeschränkte Personenhandelsgesellschaften (z. B. GmbH & Co. KG) ist das Bilanzgliederungsschema gem. § 266 HGB zwingend vorgeschrieben. Auch für Einzelkaufleute und nicht haftungsbeschränkte Personenhandelsgesellschaften ist es i. S. d. GoB vorteilhaft, sich an diesem Schema zu orientieren, damit deren Bilanzen nicht an Aussagekraft verlieren.

Nachfolgend ist die Bilanzgliederung gem. § 266 Abs. 2 und 3 HGB abgebildet. Während große sowie mittelgroße Kapitalgesellschaften und ebensolche haftungsbeschränkte Personenhandelsgesellschaften jeden aufgeführten Posten – soweit vorhanden – gesondert auszuweisen haben, müssen kleine Gesellschaften lediglich die mit großen Buchstaben und die mit römischen Zahlen bezeichneten Posten in der vorgeschriebenen Reihenfolge aufnehmen (§ 266 Abs. 1 S. 3 HGB). Nicht besetzte Positionen sind in der Bilanz – auch im Hinblick auf die Nummerierung – nicht zu berücksichtigen.

Aktivseite

A. Anlagevermögen:

I. Immaterielle Vermögensgegenstände:

    1. Selbst geschaffene gewerbliche Schutzrechte und ähnliche Rechte und Werte;

    2. entgeltlich erworbene Konzessionen, gewerbliche Schutzrechte und ähnliche Rechte und Werte sowie Lizenzen an solchen Rechten und Werten;

    3. Geschäfts- oder Firmenwert;

    4. geleistete Anzahlungen;

II. Sachanlagen:

    1. Grundstücke, grundstücksgleiche Rechte und Bauten einschließlich der Bauten auf fremden Grundstücken;

    2. technische Anlagen und Maschinen;

    3. andere Anlagen, Betriebs- und Geschäftsausstattung;

    4. geleistete Anzahlungen und Anlagen im Bau;

III. Finanzanlagen:

    1. Anteile an verbundenen Unternehmen;

    2. Ausleihungen an verbundene Unternehmen;

    3. Beteiligungen;

    4. Ausleihungen an Unternehmen, mit denen ein Beteiligungsverhältnis besteht;

    5. Wertpapiere des Anlagevermögens;

    6. sonstige Ausleihungen.

B. Umlaufvermögen:

I. Vorräte:

    1. Roh-, Hilfs- und Betriebsstoffe;

    2. unfertige Erzeugnisse, unfertige Leistungen;

    3. fertige Erzeugnisse und Waren;

    4. geleistete Anzahlungen;

II. Forderungen und sonstige Vermögensgegenstände:

    1. Forderungen aus Lieferungen und Leistungen;

    2. Forderungen gegen verbundene Unternehmen;

    3. Forderungen gegen Unternehmen, mit denen ein Beteiligungsverhältnis besteht;

    4. sonstige Vermögensgegenstände;

III. Wertpapiere:

    1. Anteile an verbundenen Unternehmen;

    2. sonstige Wertpapiere;

IV. Kassenbestand, Bundesbankguthaben, Guthaben bei Kreditinstituten und Schecks.

C. Rechnungsabgrenzungsposten.

D. Aktive latente Steuern.

E. Aktiver Unterschiedsbetrag aus der Vermögensverrechnung.

Passivseite

A. Eigenkapital:
I. Gezeichnetes Kapital;
II. Kapitalrücklage;
III. Gewinnrücklagen:
    1.   gesetzliche Rücklage;
    1.   Rücklage für Anteile an einem herrschenden oder mehrheitlich beteiligten Unternehmen;
    2.   satzungsmäßige Rücklagen;
    3.   andere Gewinnrücklagen;
IV. Gewinnvortrag/Verlustvortrag;
V. Jahresüberschuß/Jahresfehlbetrag.
B. Rückstellungen:
    1.   Rückstellungen für Pensionen und ähnliche Verpflichtungen;
    2.   Steuerrückstellungen;
    3.   sonstige Rückstellungen.
C. Verbindlichkeiten:
    1.   Anleihen, davon konvertibel;
    2.   Verbindlichkeiten gegenüber Kreditinstituten;
    3.   erhaltene Anzahlungen auf Bestellungen;
    4.   Verbindlichkeiten aus Lieferungen und Leistungen;
    5.   Verbindlichkeiten aus der Annahme gezogener Wechsel und der Ausstellung eigener Wechsel;
    6.   Verbindlichkeiten gegenüber verbundenen Unternehmen;
    7.   Verbindlichkeiten gegenüber Unternehmen, mit denen ein Beteiligungsverhältnis besteht;
    8.   sonstige Verbindlichkeiten, davon aus Steuern, davon im Rahmen der sozialen Sicherheit.
D. Rechnungsabgrenzungsposten.
E. Passive latente Steuern.

Abbildung 12: Gliederung einer Bilanz nach § 266 Abs. 2 u. 3 HGB

4.2 Gliederungsprinzipien

Die Gliederung der Aktivseite erfolgt grundsätzlich nach dem Kriterium der Liquidierbarkeit („Verflüssigbarkeit"), wobei die Liquidierbarkeit von oben nach unten auf der Aktivseite zunimmt. Somit stehen die Vermögensgegenstände, die nur sehr langsam durch den Umsatzprozess wieder in Geld umgewandelt werden oben. Hierbei handelt es sich um das sogenannte Anlagevermögen. Nach § 247 Abs. 2 HGB sind diejenigen Vermögensgegenstände dem Anlagevermögen zuzuordnen, die dazu bestimmt sind, dauernd dem Geschäftsbetrieb zu dienen. Obwohl § 247 Abs. 2 HGB mit dem Tatbestandsmerkmal „Dauer" auf eine zeitliche Komponente verweist, kann die tatsächliche Nutzungsdauer eines Vermögensgegenstandes nur einen Anhaltspunkt für die Unterscheidung zwischen Anlage- und Umlaufvermögen darstellen. Entscheidend für die Zuordnung zum Anlagevermögen ist vielmehr die wirtschaftliche Zweckbestimmung des Vermögensgegenstandes, die sich zum einen aus seiner Beschaffenheit und zum anderen aus dem Willen des Kaufmanns ergibt.

Ist der Vermögensgegenstand zum Verkauf bestimmt oder nach kurzer Nutzung verbraucht, muss der Vermögensgegenstand dem Umlaufvermögen zugeordnet werden.

Die Gliederung der Passivseite erfolgt primär nach dem Kriterium der Rechtsverhältnisse und sekundär nach dem Kriterium der Fälligkeit. Die Passivseite beginnt daher mit dem Eigenkapital, weil dieses grundsätzlich erst mit der Auflösung eines Betriebes „fällig" wird. Nach dem Eigenkapital folgen die Rückstellungen und dann die Verbindlichkeiten. Innerhalb der Rückstellungen und der Verbindlichkeiten werden zunächst die langfristigen Schulden (wie z. B. Hypothekendarlehen) und danach die kurzfristigen Schulden (wie z. B. Verbindlichkeiten aus Lieferungen und Leistungen) ausgewiesen.

5 Bewertungsgrundsätze

5.1 Wertmaßstäbe

Sofern geklärt ist, dass ein Vermögensgegenstand bzw. eine Schuld in der Bilanz abzubilden ist (Bilanzierung dem Grunde nach), stellt sich die Frage, wie diese Bilanzposition zu bewerten ist (Bilanzierung der Höhe nach). Dabei ist zu klären, ob der Wert dieser Bilanzposition nach einer bestimmten Methode ermittelt werden muss (Bewertungsgebot) oder die Möglichkeit zur Auswahl zwischen mehreren zulässigen Wertansätzen besteht (Bewertungswahlrecht).

Die wichtigsten Wertmaßstäbe des HGB sind:

- Anschaffungskosten
- Herstellungskosten
- Erfüllungsbetrag
- beizulegender Zeitwert

Obwohl das HGB von Anschaffungskosten bzw. Herstellungskosten spricht, ist darauf hinzuweisen, dass beide Wertmaßstäbe nur Aufwendungen beinhalten, und somit nicht mit ähnlichen Begriffen aus der Kostenrechnung gleichgesetzt werden dürfen.

5.1.1 Anschaffungskosten

Anschaffungskosten fallen an, wenn Vermögensgegenstände fremdbezogen, also von Dritten erworben werden. Nach § 255 Abs. 1 S. 1 HGB handelt es sich bei Anschaffungskosten um Aufwendungen, die geleistet werden, um einen Vermögensgegenstand zu erwerben und ihn in einen betriebsbereiten Zustand zu versetzen. Voraussetzung ist jedoch, dass die Aufwendungen dem Vermögensgegenstand einzeln zugeordnet werden können. Somit handelt es sich bei Anschaffungskosten immer um Einzelkosten. § 255 Abs. 1 S. 2 HGB stellt klar, dass auch die Nebenkosten und nachträglichen Anschaffungskosten zu den Anschaffungskosten zählen. Hingegen müssen nach § 255 Abs. 1 S. 3 HGB Preisminderungen von den Anschaffungskosten abgezogen werden. Somit ergibt sich zur Ermittlung der Anschaffungskosten folgendes Schema:

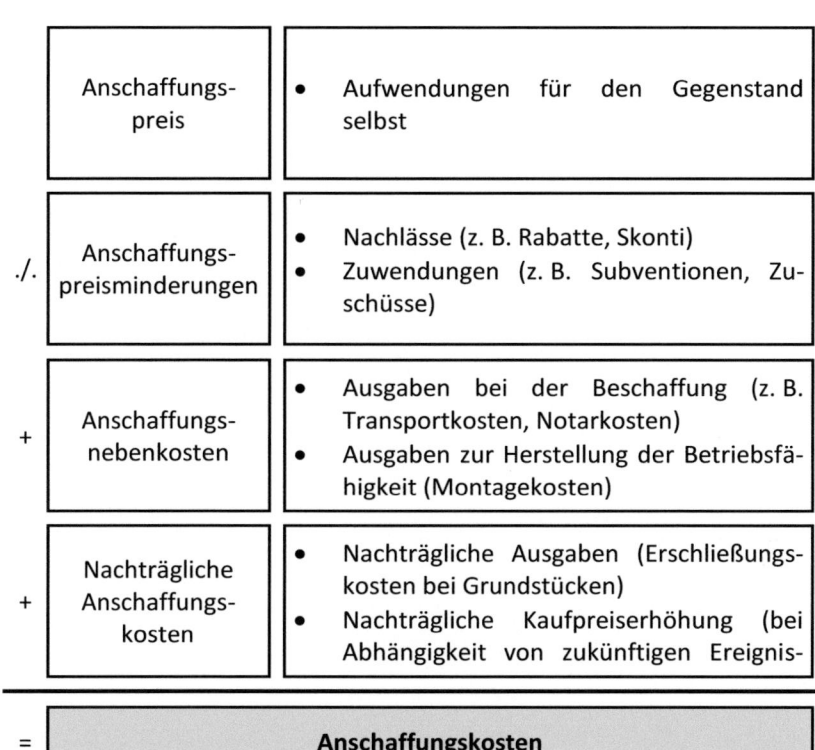

Abbildung 13: Ermittlung der Anschaffungskosten

Der **Anschaffungspreis** wird durch das vertraglich vereinbarte Entgelt bestimmt. Entgelt ist alles, was der Empfänger aufwendet um den Vermögensgegenstand zu erwerben, jedoch abzüglich der nach § 15 UStG abziehbaren Vorsteuer. Nur in den Ausnahmefällen, in denen die Vorsteuer nicht abziehbar ist, ist diese Bestandteil der Anschaffungskosten.

Bei einem Tauschgeschäft ist die handelsrechtliche Ermittlung des Anschaffungspreises nicht eindeutig geregelt. Hier wird in Anlehnung an das Steuerrecht empfohlen, das eingetauschte Gut mit dem Zeitwert anzusetzen.

Beispiel: Unternehmer Brause möchte für sein Unternehmen beim örtlichen Autohändler einen neuen Firmenwagen (Listenpreis 59.500 € inklusive USt) kaufen. Er gibt seinen alten Firmenwagen zum gemeinen Wert (der gemeine Wert entspricht dem Zeitwert zzgl. der USt) von 19.500 € in Zahlung und leistet noch eine Barzahlung in Höhe von 40.000 €.

Ermittlung der Anschaffungskosten des neuen PKW:

Gemeiner Wert des in Zahlung gegebenen PKW:	19.500 €
Barzahlung:	+ 40.000 €
Gesamt:	59.500 €
Abzüglich 19 % USt	./. 9.500 €
Anschaffungskosten neuer PKW:	50.000 €

Anschaffungspreisminderungen müssen vom Anschaffungspreis abgezogen werden, weil gemäß dem Grundsatz der Pagatorik nur der Betrag aktiviert werden darf, den das Unternehmen für die Anschaffung aufwenden musste. Zu den Anschaffungspreisminderungen zählen insbesondere Rabatte, Skonti, Boni, Subventionen und Zuschüsse. Auch nachträgliche Preisminderungen, wie z B. eine Mängelrüge, reduzieren die Anschaffungskosten.

Beispiel: Unternehmer Brause kauft eine Maschine für 70.000 € zzgl. USt. Nach einer Woche stellt Brause fest, dass die Maschine nur 90 % der zugesicherten Leistung bringt und kontaktiert den Verkäufer. Der Verkäufer bietet Brause anstelle einer Reparatur einen nachträglichen Preisnachlass von 5.000 € netto an.
Der nachträgliche Preisnachlass durch die Mängelrüge mindert die Anschaffungskosten auf 65.000 €.

Zu den **Anschaffungsnebenkosten** gehören die Aufwendungen, die erforderlich sind, den Vermögensgegenstand in einen betriebsbereiten Zustand zu versetzen, soweit sie dem Vermögensgegenstand einzeln zugeordnet werden können. Die Anschaffungsnebenkosten können unterteilt werden in Ausgaben, die bei der eigentlichen Beschaffung anfallen, und Ausgaben, die zur Herstellung der Betriebsfähigkeit notwendig sind.

Typische Ausgaben zur Beschaffung sind insbesondere Zölle, Speditions-kosten, Transportversicherung, Notariats- und Gerichtskosten, Gutachter-gebühren, Maklergebühren, usw.

Typische Ausgaben zur Herstellung der Betriebsbereitschaft sind beispiels-weise Montagekosten, Kosten für Probeläufe, Einweisung, Sicherheits-überprüfungen, usw.

Beispiel: Unternehmer Brause kauft eine Maschine 50.000 € zzgl. USt. Den Transport übernimmt ein Speditionsunternehmen und stellt Brause dafür 2.000 € zzgl. USt in Rechnung. In der Fabrik des Brauses muss die Maschine noch montiert werden. Die Montage übernimmt ein Mitarbei-ter, für die Montage fallen Arbeitskosten in Höhe von 500 € an.

Ermittlung der Anschaffungskosten:

Anschaffungspreis	50.000 €
+ Anschaffungsnebenkosten:	
Transportkosten:	+ 2.000 €
Montagekosten:	+ 500 €
Anschaffungskosten:	52.500 €

Grundsätzlich ist für die Bestimmung der Anschaffungskosten der Zeitraum der Anschaffung relevant. Allerdings dürfen unter bestimmten Umständen auch Aufwendungen, die nicht innerhalb dieses Zeitraums anfielen, als nachträgliche Anschaffungskosten angesetzt werden. Eine Aktivierung als nachträgliche Anschaffungskosten kommt grundsätzlich jedoch nur für die Aufwendungen in Frage, die bereits bei der Anschaffung des Vermögens-gegenstands als Anschaffungskosten berücksichtigt worden wären, wenn sie zu diesem Zeitpunkt bereits bekannt gewesen wären.

Beispiel: Vier Jahre nach Erwerb eines Grundstücks werden Beiträge für eine Zusatzerschließung durch den Bau einer weiteren Straße fällig. Diese Beiträge stellen nachträgliche Anschaffungskosten des Grund und Bodens dar.

Sofern ein Vermögensgegenstand durch Kredit fremdfinanziert wird, stel-len die Finanzierungskosten grundsätzlich keinen Bestandteil der Anschaffungskosten dar (Ausnahme: die Vorfinanzierung der Anschaffung führt zu einer Minderung des Anschaffungspreises), da Anschaffung und Finanzierung getrennte Vorgange sind. Bilanziell wird das Anschaffungsgeschäft vom Finanzierungsgeschäft getrennt.

Bei einem Fremdbezug von Vermögensgegenständen hat die Erstbewertung zwingend zu Anschaffungskosten zu erfolgen. Der Bilanzierende hat keine Wahl, einen anderen Wertmaßstab für die Bewertung der Vermögensgegenstände zu nutzen. Bei den Anschaffungskosten handelt es sich immer um Einzelkosten, die relativ einfach nachzuweisen sind, da beim Fremdbezug immer Rechnungen oder vergleichbare Belege anfallen. Somit stellen die Anschaffungskosten einen objektiven Wertmaßstab dar und lassen grundsätzlich keinen Raum für bilanzpolitische Bewertungsmaßnahmen zu.

5.1.2 Herstellungskosten

Aktivierte Vermögensgegenstände, die nicht von dritter Seite angeschafft, sondern selbst hergestellt worden sind, sind nach § 255 Abs. 2 HGB mit ihren Herstellungskosten zu bewerten. Nach § 255 Abs. 2 S. 1 HGB sind Herstellungskosten alle Aufwendungen, die durch den Verbrauch von Gütern und die Inanspruchnahme von Diensten für die Herstellung eines Vermögensgegenstands, seine Erweiterung oder für eine über seinen ursprünglichen Zustand hinausgehende wesentliche Verbesserung entstehen.

Die **Herstellung eines neuen Vermögensgegenstandes** liegt vor, wenn dieser durch die Eigenleistung des bilanzierenden Unternehmens entstanden ist. Auch die Herstellung im Rahmen einer Werkleistung durch fremde Dritte ist zulässig, sofern diese an die Weisungen des bilanzierenden Unternehmens gebunden sind.

Die **Erweiterung eines vorhandenen Vermögensgegenstandes** bzw. seine **wesentliche, über seinen ursprünglichen Zustand hinausgehende Verbesserung** führt regelmäßig zu nachträglichen Herstellungskosten. Nachträgliche Herstellungskosten treten insbesondere bei Baumaßnahmen an bereits vorhandenen Gebäuden auf. Entscheidend für die Einordnung als nachträgliche Herstellungskosten ist, dass es sich bei der Baumaßnahme nicht bloß um eine Modernisierungs- oder Erhaltungsmaßnahme handelt; das Gebäude muss in seiner Substanz wesentlich vermehrt, in seinem Wesen erheblich verändert oder über seinen bisherigen Zustand deutlich verbessert werden.

Beispiel: Das Dachgeschoss eines vor Jahren zum Preis von 500.000 € angeschafften Bürogebäudes wird mit einem Aufwand von 150.000 € ausgebaut, wodurch sich die Nutzfläche des Bürogebäudes von 300 qm auf 450 qm erhöht.
Es liegen nachträgliche Herstellungskosten vor, da das Gebäude sowohl in seiner Substanz wesentlich vermehrt als über seinen bisherigen Zustand deutlich verbessert wird.

Der Umfang der Herstellungskosten wird in § 255 Abs. 2 S. 2 und 3 HGB festgelegt. Danach gehören zu den Herstellkosten die Materialkosten, die Fertigungskosten und die Sonderkosten der Fertigung sowie angemessene Teile der Materialgemeinkosten, der Fertigungsgemeinkosten und des Werteverzehrs des Anlagevermögens, soweit dieser durch die Fertigung veranlasst ist. Zusätzlich dürfen bei der Berechnung der Herstellungskosten angemessene Teile der Kosten der allgemeinen Verwaltung sowie angemessene Aufwendungen für soziale Einrichtungen des Betriebs, für freiwillige soziale Leistungen und für die betriebliche Altersversorgung einbezogen werden, soweit diese auf den Zeitraum der Herstellung entfallen. Forschungs- und Vertriebskosten dürfen nicht einbezogen werden (§ 255 Abs. 2 S. 4 HGB). Auch die Zinsen für Fremdkapital gehören nach § 255 Abs. 3 HGB nicht zu den Herstellungskosten. Dennoch dürfen Zinsen für Fremdkapital, das zur Finanzierung der Herstellung eines Vermögensgegenstands verwendet wird, als Bewertungshilfe angesetzt werden, soweit sie auf den Zeitraum der Herstellung entfallen.

Somit ergibt sich zur Ermittlung der Herstellungskosten folgendes Schema:

Herstellungskosten	Beispiel	Handelsbilanz
Materialeinzelkosten	Verbrauch von Rohstoffen	Pflicht
Fertigungseinzelkosten	Löhne	Pflicht
Sondereinzelkosten der Fertigung (nicht pro Stück, aber pro Auftrag)	Spezialwerkzeuge, Lizenzgebühren	Pflicht
Materialgemeinkosten	Abschreibung der Lagerhalle	Pflicht
Fertigungsgemeinkosten	Abschreibung der Maschinen	Pflicht
Allgemeine Verwaltungskosten	Gehälter des Verwaltungsbereichs	Wahlrecht
Aufwendungen für soziale Einrichtungen	Kantine	Wahlrecht
Aufwendungen für freiwillige soziale Leistungen	Weihnachtszuwendungen	Wahlrecht
Aufwendungen für die betriebliche Altersvorsorge	Zuführung zu Pensionsrückstellungen	Wahlrecht
Zinsen für Fremdkapital	Fremdkapital dient zur Finanzierung der Herstellung eines Vermögensgegenstandes	Wahlrecht
Sondereinzelkosten des Vertriebs	Reisekosten (bei erfolgloser Auftragserlangung)	Verbot
Vertriebsgemeinkosten	Werbung	Verbot
Forschungskosten	Grundlagenforschung, keine Entwicklung	Verbot

Abbildung 14: Herstellungskosten

Somit sind zwingend alle Einzelkosten und die produktionsbezogenen Gemeinkosten zu aktivieren. Einzelkosten sind Kosten, die dem hergestellten Vermögensgegenstand direkt verursachungsgerecht zugerechnet werden können. Gemeinkosten können hingegen dem Vermögensgegenstand nur indirekt über Schlüsselsätze zugerechnet werden.

Pflichtbestandteile der Herstellungskosten sind:

- Materialeinzelkosten: Verbrauch an Roh-, Hilfs- und Betriebsstoffen zur Herstellung des Vermögensgegenstands.
- Fertigungseinzelkosten: Fertigungslöhne, die im Rahmen der Produktion angefallen sind.
- Sondereinzelkosten der Fertigung: Aufwendungen für Spezialwerkzeuge, die unmittelbar für den Produktionsprozess geschaffen werden. Diese Aufwendungen können zwar nicht einem Vermögensgegenstand direkt zugerechnet werden, aber zumindest dem jeweiligem Auftrag.
- Materialgemeinkosten: Hierzu zählen die Gemeinkosten, die mit der Beschaffung, Lagerung und Wartung des Materials im Zusammenhang stehen, wie, z. B. Materiallagerkosten.
- Fertigungsgemeinkosten: Hierzu zählen die Gemeinkosten, die mit der Fertigung des Vermögensgegenstands in einem Zusammenhang stehen, wie. z. B. Abschreibung der Maschinen, Reparatur der Maschinen.

Diese Pflichtbestandteile stellen die Wertuntergrenze der Herstellungskosten dar.

Wird zusätzlich noch der Wahlbereich der Herstellungskosten aktiviert erhält man deren Wertobergrenze. Zum Wahlbereich gehören insbesondere die allgemeinen Verwaltungskosten (wie z. B. Gehälter der Verwaltung, Telefon- und Portokosten), die Aufwendungen, für soziale Einrichtungen, für freiwillige soziale Leistungen und für die betriebliche Altersversorgung, sofern diese Aufwendungen auf den Zeitraum der Herstellung entfallen sowie die Zinsaufwendungen für Fremdkapital, das zur Finanzierung der Herstellung eines Vermögensgegenstands verwendet wird, und die Zinsaufwendungen auf den Zeitraum der Herstellung entfallen.

Da bei der Ermittlung der Herstellungskosten Wahl- und Pflichtbestandteile bestehen, hat das bilanzierende Unternehmen einen gewissen Bewertungsspielraum, der für bilanzpolitische Zwecke genutzt werden kann (werden die Wahlbestandteile mit in die Herstellungskosten einbezogen und aktiviert, hat das zur Folge, dass der Jahresüberschuss steigt, da die Herstellungsaufwendungen nicht in die Gewinn- und Verlustrechnung berücksichtigt werden und dann das Ergebnis mindern). Allerdings wird dieser Bewertungsspielraum durch das Gebot der Stetigkeit begrenzt. Das Stetigkeitsgebot verlangt, dass eine einmal gewählte Zusammensetzung der Herstellungskosten auch in den Folgeperioden grundsätzlich beizubehalten ist.

Beispiel: Unternehmer Brause bekommt den Auftrag eine Großanlage zu bauen. Bei der Herstellung der Anlage sind folgende Aufwendungen angefallen:

• Personalaufwand	50.000 €
• Materialaufwand	100.000 €
• Planungs- und Konstruktionsaufwand	20.000 €
• Abschreibung des Anlagevermögens	8.000 €
• Kosten für Materiallagerung und -prüfung	6.000 €
• Gehälter der Verwaltung	10.000 €
• Aufwendungen für den Betriebskindergarten in der Zeit der Herstellung	12.000 €
• Jubiläumsgeschenke in der Zeit der Herstellung	1.000 €
• Direktversicherung zur Altersversorgung in der Zeit der Herstellung	2.000 €
• Werbeaufwendungen	6.000 €

Die Wertunter- und Wertobergrenze der Herstellungskosten bestimmen sich wie folgt:

Materialeinzelkosten	100.000 €
Fertigungseinzelkosten	+ 50.000 €
Sondereinzelkosten der Fertigung	+ 20.000 €
Materialgemeinkosten	+ 6.000 €
Fertigungsgemeinkosten	+ 8.000 €
Wertuntergrenze der Herstellungskosten	**= 184.000 €**
Verwaltungsgemeinkosten	+ 10.000 €
Aufwendungen für soziale Einrichtungen	+ 12.000 €
Aufwendungen für freiwillige soziale Leistungen	+ 1.000 €
Aufwendungen für die betriebliche Altersvorsorge	+ 2.000 €
Wertobergrenze Herstellungskosten	**= 209.000 €**

5.1.3 Erfüllungsbetrag

Der Erfüllungsbetrag ist nach § 253 Abs. 1 S. 2 HGB der Maßstab für die Bewertung der Verbindlichkeiten und Rückstellungen. Der mit dem BilMoG neu eingeführte Begriff Erfüllungsbetrag soll verdeutlichen, dass nicht nur Geldleistungen, sondern auch Sach- und Dienstleistungen Gegenstand von Verbindlichkeiten und Rückstellungen sein können. Geldleistungsverpflichtungen werden durch eine Geldzahlung erfüllt. Somit entspricht der Nennwert der Verbindlichkeit dem Erfüllungsbetrag. Bei einer Sachleistungsverpflichtung muss ein Vermögensgegenstand geliefert werden und bei einer Dienstleistungsverpflichtung muss eine Dienstleistung erbracht werden. In beiden Fällen entspricht der Erfüllungsbetrag den Aufwendungen, die aus Sicht des Bilanzierenden notwendig sind, um die Verpflichtung zum Zeitpunkt der Fälligkeit zu erfüllen. Daher muss der Erfüllungsbetrag auch alle künftigen Kostensteigerungen enthalten.

Beispiel 1: Unternehmer Brause hat eine Rechnung seines Lieferanten in Höhe von 5.000 € am 31.12.01 noch nicht bezahlt.
Es handelt sich um eine Geldleistungsverpflichtung, sodass der Erfüllungsbetrag dem Nennwert der Verbindlichkeit entspricht. Daher muss Bause zum 31.12.01 eine Verbindlichkeit in Höhe von 5.000 € passivieren.

Beispiel 2: Unternehmer Brause hat von seinem Kunden Krause im Juli 01 den Auftrag erhalten, eine Garage für Krause nach dessen Wünschen zu bauen. Brause und Krause einigten sich auf einen Festpreis in Höhe von 12.000 €, die Krause unverzüglich bezahlte. Brause ging im Juli 01 bei seiner Kalkulation von einem Arbeitsaufwand von 2.000 € und einem Materialaufwand von 8.000 € aus. Zum 31.12.01 wurde mit den Bauarbeiten noch nicht begonnen. Inzwischen sind die Arbeitskosten um 10 % und Materialkosten um 20 % gestiegen.
Es handelt sich um eine Sachleistungsverpflichtung. Brause muss bei deren Bewertung alle Aufwendungen berücksichtigen, die notwendig sind, um die Verpflichtung zu erfüllen, d. h. auch die Kostensteigerungen sind zu berücksichtigen. Daher ist die Verpflichtung mit insgesamt 11.800 € (= 2.000 € + 200 € + 8.000 € + 1.600 €) zu bewerten.

5.1.4   Beizulegender Zeitwert

Der Begriff des beizulegenden Zeitwerts wurde ebenfalls durch das BilMoG in das HGB aufgenommen. Da der Begriff des beizulegenden Zeitwerts die Übersetzung des englischen Begriffs Fair Value aus dem IFRS-Regelwerk darstellt, tritt er als Oberbegriff für alle marktnahen Wertansätze in Erscheinung.

Im Rahmen des Einzelabschlusses nach HGB ist der beizulegende Zeitwert für die Bewertung von Vermögensgegenständen, die Teil eines Planvermögens und mit den Altersversorgungsverpflichtungen zu verrechnen sind (§ 246 Abs. 2 S. 2, § 253 Abs. 1 S. 4 HGB), sowie für Rückstellungen für Altersversorgungsverpflichtungen (§ 246 Abs. 2 S. 2, § 253 Abs. 1 S. 3 HGB) relevant. Nach § 255 Abs. 4 S. 1 HGB entspricht der beizulegende Zeitwert dem Markpreis auf einem aktiven Markt. Der Begriff des „aktiven Marktes" stammt aus internationalen Rechnungslegung. Danach liegt ein aktiver Markt vor, wenn:

- homogene Güter gehandelt werden,
- zu jeder Zeit Käufer und Verkäufer gefunden werden können und
- die Preise öffentlich sind, d.h. die Marktpreise leicht und regelmäßig feststellbar sind.

Wertpapierbörsen stellen grundsätzlich aktive Märkte dar. Sofern kein aktiver Markt vorliegt, ist der beizulegende Zeitwert nach § 255 Abs. 4 S. 2 HGB mittels allgemein anerkannter Bewertungsmethoden zu bestimmen. So kann der beizulegende Zeitwert durch einen Vergleich mit nahezu identischen Gütern auf ähnlichen Märkten näherungsweise bestimmt werden, indem man aus deren Preisen den beizulegenden Zeitwert ableitet. Kann kein Vergleichswert gefunden werden, dann ist der beizulegende Zeitwert als plausibler Schätzwert mit Hilfe wissenschaftlicher Bewertungsmodelle (wie z. B. DCF-Verfahren) zu bestimmen. Sofern auch dies nicht möglich ist, gelten die fortgeführten Anschaffungs-/Herstellungskosten als beizulegender Zeitwert. Somit ergibt sich für die Ermittlung des beizulegenden Zeitwerts folgende Hierarchie:

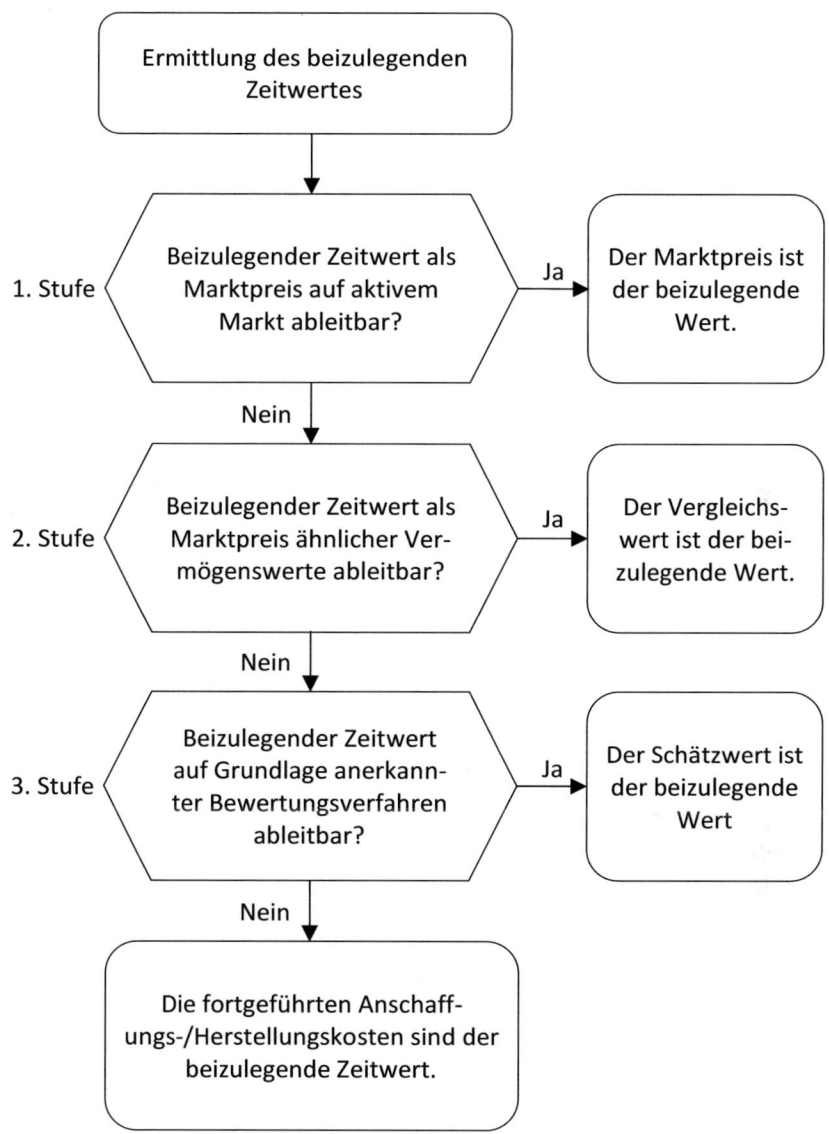

Abbildung 15: Ermittlung des beizulegenden Zeitwerts

5.1.5 Beizulegender Wert

Der beizulegende Wert fungiert sowohl für das Anlagevermögen (§ 253 Abs. 3 S. 3 HGB) als auch für das Umlaufvermögen (§ 253 Abs. 4 S. 2 HGB) als ein Korrekturwert für die (fortgeführten) Anschaffungs- bzw. Herstellungskosten. Die Bewertung eines Vermögensgegenstandes zum beizulegenden Wert ist nur möglich, wenn dieser niedriger als die (fortgeführten) Anschaffungs- oder Herstellungskosten ist.

Inhaltlich entspricht der handelsrechtliche beizulegende Wert dem steuerrechtlichen Teilwert.

Je nach Art des Vermögensgegenstands kann die Bestimmung des beizulegenden Wertes entweder über den Absatz- oder über den Beschaffungsmarkt erfolgen.

Bei Vermögensgegenständen des Anlagevermögens erfolgt die Wertbestimmung in der Regel über den Beschaffungsmarkt, da das Anlagevermögen nicht veräußert werden, sondern dem Betrieb dienen soll. Maßgebend für die Wertbestimmung sind somit die Wiederbeschaffungskosten (bzw. der Reproduktionswert).

Beim Umlaufvermögen wird der beizulegende Wert grundsätzlich vom Absatzmarkt her bestimmt, da das Umlaufvermögen letztendlich zur Veräußerung bestimmt ist. Maßgebend für die Wertbestimmung ist somit der Veräußerungspreis.

Beispiel: Ein Warenvorrat an Mobiltelefonen wurde im November 01 zu 9.000 € angeschafft (= Buchwert) und sollte ursprünglich mit einem angestrebten Verkaufspreis von 10.000 € verkauft werden. Am 31.12.01 ist klar, dass der Posten aufgrund der Neueinführung eines Konkurrenzproduktes im Jahr 02 nur noch mit einem Preisabschlag von 20 % verkauft werden kann. Der beizulegende Wert beträgt 8.000 € (10.000 € - 2.000 €). Da der beizulegende Wert niedriger als der Buchwert (9.000 €), ist dieser anstelle des Buchwertes in der Bilanz anzusetzen.

5.2 Unterscheidung zwischen Erst- und Folgebewertung

Bei der Bewertung wird zwischen der Erst- und der Folgebewertung unterschieden. Wie der Name schon sagt, handelt es sich bei der Erstbewertung um die erstmalige Bewertung eines Vermögensgegenstandes bzw. einer Schuld. Dies passiert zu dem Zeitpunkt, an dem der Vermögensgegenstand bzw. die Schuld dem Unternehmen zugeht. Im Rahmen der Erstbewertung sind als Bewertungsmaßstäbe die Anschaffungs- und Herstellungskosten für Vermögensgegenstände und der Erfüllungsbetrag für Schulden relevant.

In der Regel erfolgt der Zugang eines Vermögensgegenstands nicht am Bilanzstichtag, sondern zu irgendeinem anderen Tag des Geschäftsjahres. Da die Bilanz jedoch jedes Jahr zum Bilanzstichtag aufzustellen ist, muss beachtet werden wie sich der jeweilige Wert der Bilanzposition weiterentwickelt. Dies ist die Aufgabe der Folgebewertung.

5.3 Planmäßige Abschreibungen

Bei abnutzbaren Vermögensgegenständen verringert sich durch die Nutzung des Vermögensgegenstandes dessen Wert, sodass dieser mit einem geringeren Wert zu bewerten ist. Daher verlangt § 253 Abs. 3 S. 1 HGB, dass bei Vermögensgegenständen des Anlagevermögens deren Nutzung zeitlich begrenzt ist, die Anschaffungs-/Herstellungskosten um planmäßige Abschreibungen zu vermindern sind. Die Wertminderung des Vermögensgegenstands, die durch Gebrauch und Abnutzung des Vermögensgegenstands entsteht, wird durch die Abschreibungen als Aufwand in der Gewinn- und Verlustrechnung erfasst.

Mit Hilfe der planmäßigen Abschreibung werden die Anschaffungs- bzw. Herstellungskosten von Vermögensgegenständen des Anlagevermögens planmäßig über die voraussichtliche Nutzungsdauer verteilt (§ 253 Abs. 3 S. 2 HGB). Die planmäßigen Abschreibungen haben somit zwei Funktionen:

- Durch die Verteilung der Anschaffungs- bzw. Herstellungskosten auf die voraussichtliche Nutzungsdauer wird eine periodengerechte Gewinnermittlung gewährleistet. Dies dient der zutreffenden Darstellung der Ertragslage.

- Durch die Vornahme der Abschreibungen wird die Wertminderung, die durch die Nutzung entsteht, bei der Wertermittlung der abnutzbaren Vermögensgegenständen berücksichtigt. Dies dient der zutreffenden Darstellung der Vermögenslage.

5.3.1 Abschreibungsdeterminanten

Die Vornahme planmäßige Abschreibungen erfordert das Erstellen eines Abschreibungsplans, der die folgenden Determinanten berücksichtigt:

- **Anschaffungs- bzw. Herstellungskosten**: Sie bilden den Ausgangspunkt für die Bestimmung des Abschreibungsvolumens. Sofern am Ende der Nutzungsdauer noch ein erheblicher Restwert erwartet wird und dieser hinreichend genau bestimmt werden kann, ist dieser von den Anschaffungs- bzw. Herstellungskosten abzuziehen. In der Regel wird der Restwert jedoch nicht berücksichtig, da er nur selten hinreichend sicher zu beziffern ist. Würde man einen nicht sicher erzielbaren Restwert berücksichtigen, würde dies letztendlich (durch die geringeren Abschreibungsbeträge in den Jahren) zu einem Ausweis eines noch nicht realisierten Gewinns führen. Im Folgenden wird davon ausgegangen, dass kein bedeutender und hinreichend sicherer Restwert vorliegt.
- **Voraussichtliche Nutzungsdauer**: Die Nutzungsdauer spiegelt den Zeitraum wider, in dem ein Vermögensgegenstand voraussichtlich genutzt werden kann. Die Nutzungsdauer wird durch technische Faktoren (z B. Gebrauchsverschleiß), rechtliche Faktoren (z. B. Laufzeit eines Patents) und wirtschaftliche Faktoren (z. B. Nachfrageverschiebungen) beeinflusst. Für die Bestimmung der voraussichtlichen Nutzungsdauer ist nicht relevant, über welchen Zeitraum die Nutzung eines Vermögensgegenstands technisch (technische Nutzungsdauer) oder rechtlich (rechtliche Nutzungsdauer) möglich ist, sondern wie lange die Nutzung wirtschaftlich sinnvoll (wirtschaftliche Nutzungsdauer) ist. Die technische oder rechtliche Nutzungsdauer begrenzen somit die wirtschaftliche Nutzungsdauer lediglich, indem sie die maximal mögliche Nutzungsdauer vorgeben. Folglich muss die wirtschaftliche Nutzungsdauer vorsichtig geschätzt werden. Die Schätzung der wirtschaftlichen Nutzungsdauer eröffnet dem Bilanzierenden somit einen großen bilanziellen Ermessensspielraum. In der Praxis wird die Nutzungsdauer oft anhand der (nicht verbindlichen) steuerlichen AfA-Tabellen bestimmt. Auch wenn das Wort Nutzungsdauer etwas anderes suggeriert, beginnt der Abschreibungszeitraum nicht mit der konkreten Nutzung des

Vermögensgegenstands, sondern bereits mit der Herstellung des betriebsbereiten Zustands.

Beispiel: Unternehmer Brause erwirbt eine Maschine, die am 01.12.01 geliefert und montiert wurde. Da Brause kurz vor dem Weihnachtsurlaub die Produktion nicht auf die neue Maschine umstellen will, bleibt die Maschine bis zum 02.01.01 ungenutzt.

Die Maschine ist seit dem 01.12.01 in einem betriebsbereiten Zustand, sodass zu diesem Termin der Abschreibungszeitraum beginnt. Es ist unerheblich, dass die tatsächliche Nutzung erst am 02.01.02 beginnt.

- **Abschreibungsmethode**: Die Abschreibungsmethode legt fest, wie das Abschreibungsvolumen über die voraussichtliche Nutzungsdauer verteilt wird. Handelsrechtlich ist keine bestimmte Abschreibungsmethode vorschrieben, es wird lediglich verlangt, dass die gewählte Methode kaufmännisch vernünftig ist.

5.3.2 Abschreibungsmethoden

5.3.2.1 Lineare Abschreibung

Die lineare Abschreibung unterstellt eine gleichbleibende Wertminderung des Vermögensgegenstandes, sodass die Anschaffungs- bzw. Herstellungskosten gleichmäßig auf die Nutzungsdauer verteilt werden. Daher werden während der gesamten Nutzungsdauer konstante Abschreibungsbeträge verrechnet. Den jährlichen Abschreibungsbetrag erhält man, indem man die Anschaffungs- bzw. Herstellungskosten durch die Anzahl der Jahre der voraussichtlichen Nutzungsdauer dividiert.

Beispiel: Die Herstellungskosten einer im Januar 01 hergestellten Maschine betragen 50.000 €. Die voraussichtliche Nutzungsdauer beträgt fünf Jahre. Es ergibt sich ein jährlicher Abschreibungsbetrag von 10.000 €. Der Abschreibungsplan hat folgendes Aussehen:

Zugang Januar 01	50.000 €
Abschreibung 01	./. 10.000 €
Restbuchwert 31.12.01	= 40.000 €

Abschreibung 02	./. 10.000 €
Restbuchwert 31.12.02	= 30.000 €
Abschreibung 03	./. 10.000 €
Restbuchwert 31.12.03	= 20.000 €
Abschreibung 04	./. 10.000 €
Restbuchwert 31.12.04	= 10.000 €
Abschreibung 05	./. 10.000 €
Restbuchwert 31.12.05	= 0 €

Wird ein Vermögensgegenstand während des Geschäftsjahres erworben, dann werden die Abschreibungsbeträge im Zugangsjahr zeitanteilig (pro rata temporis) abgeschrieben. Grundsätzlich erfolgt dabei eine monatsgenaue Berechnung.

Beispiel: Die Anschaffungskosten einer im Oktober 01 angeschafften Maschine betragen 30.000 €. Die voraussichtliche Nutzungsdauer beträgt drei Jahre. Es ergibt sich ein jährlicher Abschreibungsbetrag von 10.000 €. Der Abschreibungsplan hat folgendes Aussehen:

Zugang Oktober 01:	30.000 €
Abschreibung 01	
Jährlicher Betrag 10.000 €	
Zeitanteilig für 3 Monate (3/12)	./. 2.500 €
Restbuchwert 31.12.01	= 27.500 €
Abschreibung 02	./. 10.000 €
Restbuchwert 31.12.02	= 17.500 €
Abschreibung 03	./. 10.000 €
Restbuchwert 31.12.03	= 7.500 €
Abschreibung 04	
Jährlicher Betrag 10.000 €	
Zeitanteilig für 9 Monate (9/12)	./. 7.500 €
Restbuchwert 30.09.04	0 €

5.3.2.2 Degressive Abschreibung

Bei der degressiven Abschreibung wird angenommen, dass sich die Wertminderung des Vermögensgegenstands jährlich verringert, sodass während der voraussichtlichen Nutzungsdauer jährlich fallende Abschreibungsbeträge verrechnet werden. Auch bei der degressiven Abschreibung wird pro rata temporis abgeschrieben. Es existieren zwei Varianten der degressiven Abschreibung:

5.3.2.2.1 Geometrisch-degressive Abschreibung

Bei der geometrisch-degressiven Abschreibung erfolgt die jährliche Abschreibung mit einem festen Prozentsatz auf den jeweiligen Restbuchwert. Daher wird diese Methode auch Restbuchwertmethode genannt. Infolge der Berechnung des jährlichen degressiven Abschreibungsbetrags vom jeweiligen Restbuchwert führt diese Methode nicht zu einem Restwert von Null. Der geometrisch-degressive Abschreibungsbetrag berechnet sich wie folgt.

$$geometrisch-\ degressiver\ Abschreibungsbetrag = p \times BW_n$$

Mit:

p = konstanter Prozentsatz
BW_n = Buchwert zu Beginn des Jahres

Obwohl es handelsrechtlich keine absolute Begrenzung des Abschreibungssatzes gibt, orientiert man sich bei der Höhe des Abschreibungssatzes am Steuerrecht. Nach § 7 Abs. 2 EStG darf der anzuwendende Abschreibungssatz höchstens das Zweieinhalbfache des linearen Abschreibungssatzes betragen und 25 Prozent nicht übersteigen. Somit führt die geometrisch-degressiven Abschreibung in der ersten Jahren zu höheren Abschreibungsaufwendungen als die lineare Abschreibung.

Beispiel: Die Anschaffungskosten einer im Januar 01 angeschafften Maschine betragen 50.000 €. Die voraussichtliche Nutzungsdauer beträgt fünf Jahre.

Die geometrisch-degressive Abschreibung berechnet sich wie folgt:

$$geometrisch-degressiver\ Abschreibungssatz =$$

$$linearer\ Abschreiungssatz \times 2,5;\ (höchstens\ 25\ \%)$$

$$= \frac{100}{Nutzungsdauer} \times 2,5;\ (höchstens\ 25\ \%)$$

$$= \frac{100}{5} \times 2,5;\ (höchstens\ 25\ \%)$$

$$= 20 \times 2,5;\ (höchstens\ 25\ \%)$$

$$= 25\ \%$$

Somit ergibt sich folgender Abschreibungsplan bei geometrisch-degressiver Abschreibung:

Zugang Januar 01:	50.000 €
Abschreibung 01 (25 % von 50.000 €)	./. 12.500 €
Restbuchwert 31.12.01	= 37.500 €
Abschreibung 02 (25 % von 37.500 €)	./. 9.375 €
Restbuchwert 31.12.02	= 28.125 €
Abschreibung 03 (25 % von 28.175 €)	./. 7.031 €
Restbuchwert 31.12.03	= 21.094 €
Abschreibung 04 (25 % von 21.094 €)	./. 5.273 €
Restbuchwert 31.12.04	= 15.821 €
Abschreibung 05 (25 % von 15.821 €)	./. 3.955 €
Restbuchwert 31.12.05	= 11.866 €

5.3.2.2.2 Arithmetisch-degressive Abschreibung

Bei der arithmetisch-degressiven Abschreibung, die auch digitale Abschreibung genannt wird, vermindert sich die Abschreibung jedes Jahr um denselben Betrag (Degressionsbetrag), der sich als Quotient aus Anschaffungs- bzw. Herstellungskosten und der Summe der Jahresziffern der Nutzung ergibt. Die Summe der Jahresziffern der Nutzung kann mit folgender Formel berechnet werden:

$$Summe\ der\ Jahresziffern\ der\ Nutzungsdauer = \frac{ND \times (ND+1)}{2}$$

Mit: (ND = Nutzungsdauer in Jahren)

Anders als bei der geometrisch-degressiven Abschreibung wird bei der arithmetischen-degressiven Abschreibung ein Restwert von Null erreicht.

Beispiel: Die Anschaffungskosten einer im Januar 01 hergestellten Maschine betragen 50.000 €. Die voraussichtliche Nutzungsdauer beträgt fünf Jahre. Die Summe der Jahresziffern berechnet sich wie folgt:

$$Summe\ der\ Jahres\ Ziffern\ der\ Nutzung = \frac{ND \times (ND + 1)}{2}$$
$$= \frac{5 \times (5 + 1)}{2}$$
$$= 15$$

Das bedeutet der jährliche Degressionsbetrag, um den sich die jährliche Abschreibung verringert, beläuft sich auf:

$$Degressionsbetrag = \frac{AK/HK}{Summe\ der\ Jahresziffern\ der\ Nutzung}$$
$$= \frac{50.000\ €}{15}$$
$$= 3.333\ €$$

Der jährliche Abschreibungsbetrag berechnet sich nach der Formel:

$$jährlicher\ Abschreibungsbetrag =$$

$$\frac{verbleibende\ Nutzungsjahre}{Summe\ der\ Jahresziffern\ der\ Nutzung} \times AK/HK$$

Somit ergibt sich folgender Abschreibungsplan bei arithmetisch-degressiver Abschreibung:

Zugang Januar 01:   50.000 €

Abschreibung 01 (5/15 von 50.000 €)	./. 16.667 €
Restbuchwert 31.12.01	= 33.333 €
Abschreibung 02 (4/15 von 50.000 €)	./. 13.333 €
Restbuchwert 31.12.02	= 20.000 €
Abschreibung 03 (3/15 von 50.000 €)	./. 10.000 €
Restbuchwert 31.12.03	= 10.000 €
Abschreibung 04 (2/15 von 50.000 €)	./. 6.667 €
Restbuchwert 31.12.04	= 3.333 €
Abschreibung 05 (1/15 von 50.000 €)	./. 3.333 €
Restbuchwert 31.12.05	= 0 €

5.3.2.3 Leistungsabhängige Abschreibung

Bei der leistungsabhängigen Abschreibung wird in Abhängigkeit der Leistungsabgabe eines Vermögensgegenstands abgeschrieben, d.h. der jährliche Abschreibungsbetrag ist abhängig vom Umfang der jährlichen Leistungsabgabe. Somit verringert sich der Wert eines Vermögensgegenstands in dem Ausmaß, indem sich auch sein Nutzungspotenzial vermindert. Der jährliche Abschreibungsbetrag ergibt sich aus der Multiplikation der Anschaffungs- bzw. Herstellungskosten mit dem Quotienten aus der Leistungsabgabe des Vermögensgegenstandes im betrachteten Geschäftsjahr und der geschätzten Gesamtleistung.

$$j\ddot{a}hrlicher\ Abschreibungsbetrag = \frac{Jahresleistung}{Gesamtleistung} \times AK/HK$$

Auch bei der Leistungsabschreibung wird ein Restwert von Null erreicht, wenn die Gesamtleistung erreicht wird. Voraussetzung für die leistungsabhängige Abschreibung ist, dass zum einen sich diese Abschreibungsmethode wirtschaftlich begründen lässt. Diese Voraussetzung, ist dann erfüllt, wenn die Leistungsabgabe und somit auch die jährliche Abnutzung eines Vermögensgegenstandes jährlich starken Schwankungen unterliegen. Weitere Voraussetzung ist, dass sowohl die Gesamtleistungsabgabe zuverlässig geschätzt und der jährliche Leistungsumfang nachgewiesen werden können.

Beispiel: Die Anschaffungskosten einer im Januar 01 angeschafften Maschine betragen 50.000 €. Die Maschine wird nur für bestimmte Aufträge eingesetzt, sodass sich die jährliche Leistungsabgabe leicht nachweisen lässt. Die voraussichtliche Gesamtleistung der Maschine beträgt 30.000 Maschinenstunden. Die jährliche Leistungsabgabe wird wie folgt geschätzt: Jahr 01: 4.000 Maschinenstunden, Jahr 02: 8.000 Maschinenstunden, Jahr 03: 5.000 Maschinenstunden, Jahr 04: 7.000 Maschinenstunden und Jahr 05: 6.000 Maschinenstunden.

Somit ergibt sich folgender Abschreibungsplan für die leistungsabhängige Abschreibung:

Zugang Januar 01:	50.000 €
Abschreibung 01 (4.000/30.000 x 50.000 €)	./. 6.667 €
Restbuchwert 31.12.01	= 43.333 €
Abschreibung 02 (8.000/30.000 x 50.000 €)	./. 13.333 €
Restbuchwert 31.12.02	= 30.000 €
Abschreibung 03 (5.000/30.000 x 50.000 €)	./. 8.333 €
Restbuchwert 31.12.03	= 21.667 €
Abschreibung 04 (7.000/30.000 x 50.000 €)	./. 11.667 €
Restbuchwert 31.12.04	= 10.000 €
Abschreibung 05 (6.000/30.000 x 50.000 €)	./. 10.000 €
Restbuchwert 31.12.05	= 0 €

5.4 Außerplanmäßige Abschreibungen

Unabhängig davon, ob ein Vermögensgegenstand abnutzbar oder nicht abnutzbar ist, müssen außerplanmäßige Abschreibungen vorgenommen werden, wenn sein Wert am Abschlussstichtag unter dem Buchwert liegt. Man spricht hier vom sogenannten Niederstwertprinzip, welches in zwei Formen vorkommt.

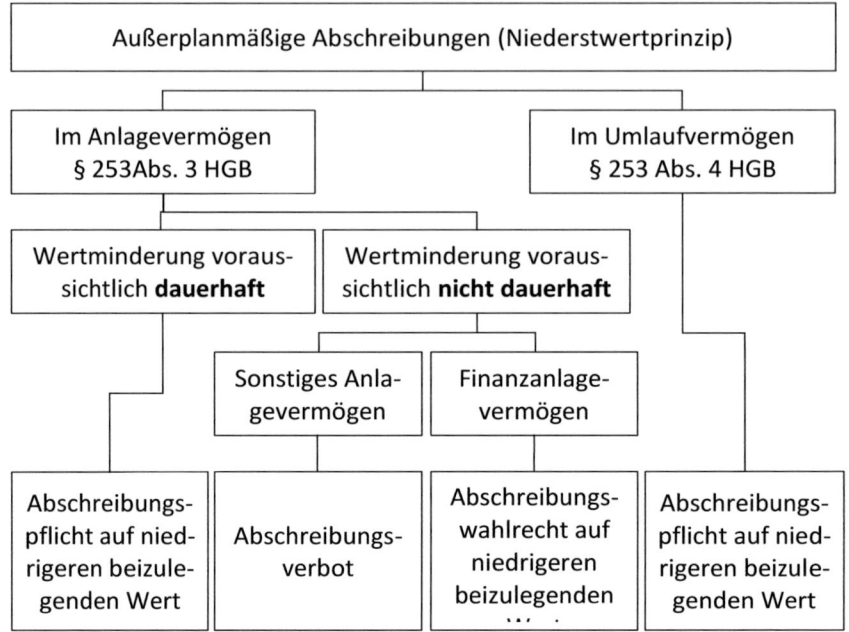

Abbildung 16: Außerplanmäßige Abschreibungen

Bei Vermögensgegenständen des Anlagevermögens gilt das sogenannte gemilderte Niederstwertprinzip. Eine Abschreibungspflicht auf den beizulegenden Wert besteht bei Vermögensgegenständen des Anlagevermögens nur, wenn die Wertminderung voraussichtlich dauerhaft ist (§ 253 Abs. 3 S. 5 HGB). Bei nicht dauerhafter Wertminderung gilt ansonsten ein Abschreibungsverbot. Eine Ausnahme bilden die Finanzanlagen, die nach § 253 Abs. 3 S. 6 HGB selbst bei nur vorübergehender Wertminderung außerplanmäßig abgeschrieben werden dürfen (Abschreibungswahlrecht). Der Vergleich zwischen (Rest-)Buchwert und beizulegendem Wert des betreffenden Vermögensgegenstands erfolgt am Abschlussstichtag, sodass der Buchwert bereits um die planmäßigen Abschreibungen gemindert worden ist. Daraus folgt, dass die planmäßigen Abschreibungen immer vor den außerplanmäßigen Abschreibungen berücksichtigt werden. Da das HGB keine Definition für eine dauerhafte Wertminderung enthält, orientiert man sich am BMF-Schreiben zur Teilwertabschreibung vom 25. Februar 2000 (BStBl I S. 372). Danach kann für Vermögensgegenstände des abnutzbaren Anlagevermögens von einer voraussichtlich dauernden

Wertminderung ausgegangen werden, wenn der Wert des jeweiligen Vermögensgegenstands zum Bilanzstichtag für mindestens die halbe Restnutzungsdauer unter dem planmäßigen Restbuchwert liegt.

Beispiel: Die Anschaffungskosten einer im Januar 01 angeschafften Maschine betragen 960.000 €. Die voraussichtliche Nutzungsdauer der Maschine wird auf 8 Jahre geschätzt und soll linear abgeschrieben werden, sodass die jährliche Abschreibung 120.000 € (960.000 € / 8 Jahre) beträgt. Am 31.12.02 beträgt der Stichtagswert (beizulegender Wert) der Maschine 400.000 €.

Die planmäßige Bilanzierung der Maschine entwickelt sich wie folgt:

Zugang Januar 01	960.000 €	Restnutzungsdauer 8 Jahre
Abschreibung 01	./. 120.000 €	
BW 31.12.01	= 840.000 €	Restnutzungsdauer 7 Jahre
Abschreibung 02	./. 120.000 €	
BW 31.12.02	= 720.000 €	Restnutzungsdauer 6 Jahre

Der Stichtagswert (400.000 €) am 31.12.02 liegt unter dem (Rest-)Buchwert (720.000 €), sodass bei voraussichtlich dauerhafter Wertminderung zwingend außerplanmäßig abzuschreiben ist. Für die Annahme einer dauerhaften Wertminderung muss der niedrigere Stichtagswert für mindestens die Hälfte der Restnutzungsdauer unter dem Buchwert liegen. Den Vergleich zwischen Wertminderungsdauer und Restnutzungsdauer zeigt folgende Tabelle.

(1) Buchwert (in €)	(2) Stichtagswert (in €)	(3) = (1) − (2) Differenz (in €)	(4) Abschreibung (in €/Jahr)	(5) = (3) / (4) Wertminderungsdauer (in Jahren)	(6) ½ Restnutzungsdauer (in Jahren)	(7): (5) > (6) Dauerhafte Wertminderung
720.000	400.000	320.000	120.000	2,67	3	**Nein!**

Es liegt somit keine dauerhafte Wertminderung vor, sodass keine außerplanmäßige Abschreibung vorzunehmen ist.

(1) Buchwert (in €)	(2) Stichtagswert (in €)	(3) = (1) − (2) Differenz (in €)	(4) Abschreibung (in €/Jahr)	(5) = (3) / (4) Wertminderungsdauer (in Jahren)	(6) ½ Restnutzungsdauer (in Jahren)	(7): (5) > (6) Dauerhafte Wertminderung
720.000	220.000	500.000	120.000	4,17	3	**Ja!**

In diesem Fall liegt eine dauerhafte Wertminderung vor, mit der Folge, dass nun eine außerplanmäßige Abschreibung auf den Stichtagswert erfolgen muss.

Aus dem Beispiel ergibt sich, dass die Wertminderungsdauer mit folgender Formel berechnet werden kann:

$$Wertminderungsdauer = \frac{Buchwert\; ./.\; Stichtagswert}{j\ddot{a}hrlicher\; Abschreibungsbetrag}$$

Für die Vermögensgegenstände des nichtabnutzbaren Anlagevermögens ist grundsätzlich darauf abzustellen, ob die Gründe für eine niedrigere Bewertung voraussichtlich anhalten werden. Kursschwankungen von börsennotierten Vermögensgegenständen des Anlagevermögens stellen eine nur vorübergehende Wertminderung dar.

Beispiel: Ein Unternehmen hat Aktien der Brause-AG zum Preis von 50 €/Stück erworben. Die Aktien sollen als langfristige Kapitalanlage dem Geschäftsbetrieb dauerhaft dienen. Der Aktienkurs schwankt nach Anschaffung zwischen 40 € und 53 €. Am Abschlussstichtag beträgt der Kurs 47 €.
Eine dauerhafte Wertminderung liegt nicht vor, da Kursschwankungen nur vorübergehende Wertminderungen darstellen. Folglich besteht keine Verpflichtung zu einer außerplanmäßigen Abschreibung, allerdings hat das Unternehmen ein Wahlrecht zur außerplanmäßigen Abschreibung nach § 253 Abs. 3 S. 6 HGB, da es sich bei den Aktien um Finanzanlagevermögen handelt.
Variante: Nachdem das Unternehme Aktien der Brause-AG zum Preis von 50 €/Stück erworben hat, gerät die Brause-AG unerwartet in Zahlungsschwierigkeiten und es droht ein Insolvenzverfahren. Der Aktien-

kurs bricht infolge dessen ein und beträgt am Abschlussstichtag 18 €. Der durch die Zahlungsschwierigkeiten verursachte Kurseinbruch stellt keine bloße Kursschwankung dar, sondern ist dem drohenden Insolvenzverfahren geschuldet. Daher liegt eine dauerhafte Wertminderung vor, sodass eine außerplanmäßige Abschreibung zwingend vorzunehmen ist.

Bei Vermögensgegenständen des Umlaufvermögens gilt das sogenannte strenge Niederstwertprinzip. Das bedeutet, dass unabhängig von der Dauer der Wertminderung außerplanmäßige Abschreibungen auf den niedrigeren Stichtagswert vorzunehmen sind, der sich aus einem Börsen- oder Marktpreis am Abschlussstichtag ergibt. Falls kein Börsen- oder Marktpreis existiert, ist auf den niedrigeren beizulegenden Wert abzuschreiben.

5.5 Wertaufholung

Sofern die Gründe, die zu einer außerplanmäßigen Abschreibung geführt haben, nicht mehr bestehen, darf nach § 253 Abs. 5 HGB, der niedrigere Wertansatz nicht beibehalten werden, sondern es müssen Zuschreibungen erfolgen (Wertaufholungsgebot). Lediglich beim zuvor außerplanmäßig abgeschriebenen entgeltlich erworbenen Geschäfts- oder Firmenwert ist gem. § 253 Abs. 5 S. 2 HGB der niedrigere Wertansatz beizubehalten. Andernfalls käme es zum Ansatz eines originären, d. h. selbst geschaffenen, Geschäfts- oder Firmenwertes, für den ein Aktivierungsverbot besteht. Die Zuschreibung erfolgt erfolgswirksam und wird begrenzt durch die Höhe der fortgeführten Anschaffungs- bzw. Herstellungskosten. Sollte der am Abschlussstichtag beizulegende Wert unterhalb der fortgeführten Anschaffungs- bzw. Herstellungskosten, aber oberhalb des beizulegenden Wertes des vorangegangenen Abschlussstichtages (also dem bisher niedrigerem Wertansatz) liegen, darf nur auf diesen Wert zugeschrieben werden.

Beispiel: Die Anschaffungskosten einer im Januar 01 angeschafften Maschine mit zehnjähriger Nutzungsdauer betragen 1.000.000 €. Die Maschine soll linear abgeschrieben werden. Am 31.12.02 ist der beizulegende Wert auf 320.000 € gesunken. Am 31.12.04 ist dieser Wert wieder auf 680.000 € gestiegen.

Bilanzielle Entwicklung der Maschine

Zugang Januar 01:	1.000.000 €
Abschreibungen 01 (1.000.000 € / 10)	./. 100.000 €
BW 31.12.01	= 900.000 €
Abschreibungen 02	./. 100.000 €
(vorläufiger BW 31.12.02	800.000 €)
außerplanmäßige Abschreibung	./.480.000 €
BW 31.12.02 (Stichtagswert)	320.000 €
Abschreibungen 03 (320.000 € / 8)	./. 40.000 €
BW 31.12.03	= 280.000 €
Abschreibungen 04	./. 40.000 €
(= vorläufiger BW 31.12.02	240.000 €)
Zuschreibung	+ 360.000 €
BW 31.12.04	= 600.000 €

Am 31.12.02 ist der beizulegende Wert in Höhe 320.000 € geringer als der Buchwert bei planmäßiger Abschreibung. Die Wertminderungsdauer ist mit 4,8 Jahren größer als die Hälfte der Restnutzungsdauer in Höhe von 4 Jahren.

$$Wertminderungsdauer = \frac{Buchwert ./. Stichtagswert}{jährlicher\ Abschreibungsbetrag}$$

$$= \frac{800.000 € ./. 320.000 €}{100.000\ €/_{Jahr}}$$

$$= 4,8\ Jahre$$

Somit liegt eine dauerhafte Wertminderung vor, sodass zwingend eine außerplanmäßige Abschreibung (480.000 €) auf den beizulegenden Wert (320.000 €) vorzunehmen ist. Der beizulegende Wert stellt damit den neuen Buchwert zum 31.12.02 dar, der nun auf die Restnutzungsdauer von 8 Jahren planmäßig zu verteilen ist. Für die Folgejahre ergibt sich ein neuer jährlicher Abschreibungsbetrag in Höhe von 40.000 € (= 320.000 €/8 Jahre).

Am 31.12.04 sind die Gründe für die außerplanmäßige Abschreibung weggefallen, da der beizulegende Wert am 31.12.04 auf 680.000 € gestiegen ist. Somit muss nach § 253 Abs. 5 HGB zwingend eine Zuschreibung erfolgen. Die Zuschreibung wird jedoch begrenzt durch die fortgeführten Anschaffungskosten bei ursprünglich geplanter linearer Abschreibung. Diese betragen nach Ablauf von vier Jahren 600.000 € (=1.000.000 € – 4 x 100.000 €). Da die fortgeführten Anschaffungskosten geringer sind als der beizulegende Wert am 31.12.04 darf nur bis zu deren Höhe zugeschrieben werden.

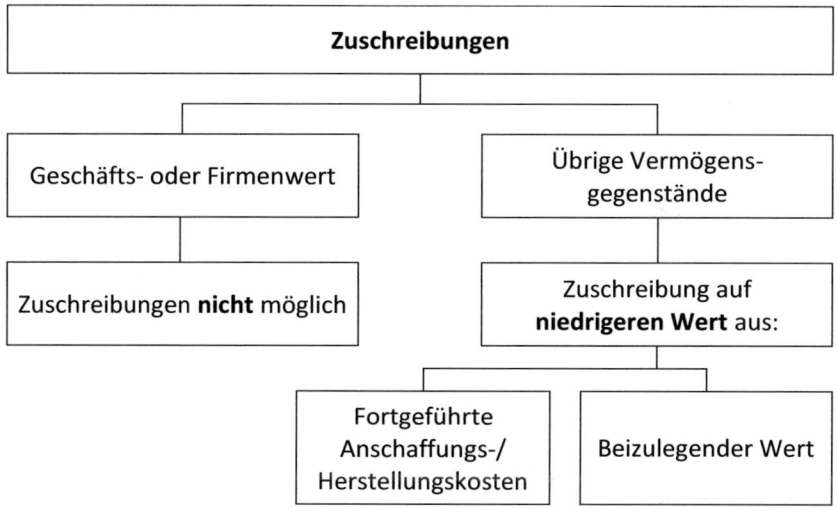

Abbildung 17: Zuschreibungen

Zuschreibungen setzen eine vorher erfolgte außerplanmäßige Abschreibung voraus. Die fortgeführten Anschaffungs-/Herstellungskosten begrenzen die Höhe der Zuschreibung.

6   Immaterielle Vermögensgegenstände

6.1   Begriff und Arten der immateriellen Vermögensgegenstände

Der Begriff immateriell ist dem Wortsinne nach mit unkörperlich zu übersetzen. Viele Vermögensgegenstände besitzen sowohl eine materielle als auch eine immaterielle Komponente (ein Recht ist z. B. auf einem Papier verbrieft). Entscheidend für die Zuordnung zu den immateriellen Gütern ist, dass die materielle Komponente im Hinblick auf den Nutzungs- und Funktionszusammenhang von untergeordneter Bedeutung ist und lediglich als Trägermedium für die immaterielle Leistung fungiert.

Zu den **immateriellen Vermögensgegenständen** gehören nach § 266 Abs. 2 A. I. HGB:

- Selbst geschaffene gewerbliche Schutzrechte und ähnliche Rechte und Werte;
- entgeltlich erworbene Konzessionen, gewerbliche Schutzrechte und ähnliche Rechte und Werte sowie Lizenzen an solchen Rechten und Werten;
- Geschäfts- oder Firmenwert;
- geleistete Anzahlungen.

Bei den **gewerblichen Schutzrechten** handelt es sich um Rechte, die eine technisch verwertbare geistige Leistung auf gewerblichem Gebiet schützen sollen (z. B. Patente, Markenrechte und Urheberrechte).

Konzessionen stellen befristete Genehmigungen einer öffentlichen Behörde dar, die zur Ausübung einer wirtschaftlichen Tätigkeit berechtigen. Unter den **ähnlichen Rechten** sind alle Rechte zu verstehen, die keine Konzessionen oder gewerblichen Schutzrechte sind (z. B. Nutzungsrechte, Nießbrauchrechte). Bei den **wirtschaftlichen Werten** handelt es sich um Werte, die aufgrund fehlender Rechtsposition ungeschützt sind (z. B. ungeschützte Erfindungen). Eine **Lizenz** ist eine vertraglich zugesicherte Berechtigung, das Recht eines anderen gegen Entgelt nutzen zu können. Der **Geschäfts- oder Firmenwert** ist nach § 246 Abs. 1 S. 4 HGB der Unterschiedsbetrag, um den die für die Übernahme eines Unternehmens bewirkte Gegenleistung den Wert der einzelnen Vermögensgegenstände des Unternehmens abzüglich der Schulden im Zeitpunkt der Übernahme übersteigt. Bei den geleisteten Anzahlungen handelt es sich um Vorauszahlungen des bilanzierenden Unternehmens zum Erwerb von immateriellen

Vermögensgegenständen, die aus Gründen der Klarheit und Übersichtlichkeit vorab dem immateriellen Vermögen zugeordnet werden.

6.2 Selbst geschaffene immaterielle Vermögensgegenstände

Selbst geschaffene immaterielle Vermögensgegenstände entstehen aus Forschungs- und Entwicklungsprojekten, die das bilanzierende Unternehmen durchführt. Die Bilanzierung selbst geschaffener immaterieller Vermögensgegenstände ist davon abhängig, ob sie dem Anlage- oder dem Umlaufvermögen zuzuordnen sind. Für selbst geschaffene immaterielle Vermögensgegenstände des Umlaufvermögens besteht aufgrund des Vollständigkeitsgrundsatzes gem. § 246 Abs. 1 HGB eine Aktivierungspflicht. Der Ansatz und die Bewertung erfolgen nach den allgemeinen Grundsätzen. Anders sieht es bei den selbst geschaffenen immateriellen Vermögensgegenständen des Anlagevermögens aus, für die nach § 248 Abs. 2 HGB ein Aktivierungswahlrecht besteht. Lediglich selbst geschaffene Marken, Drucktitel, Verlagsrechte, Kundenlisten oder vergleichbare immaterielle Vermögensgegenstände des Anlagevermögens sind von diesem Aktivierungswahlrecht ausgenommen. Für sie besteht nach § 248 Abs. 2 S. 2 HGB ein Aktivierungsverbot.

Die Besonderheit bei den selbst geschaffenen immateriellen Vermögensgegenständen des Anlagevermögens besteht zum einen darin, dass das Kriterium der selbständigen Verwertbarkeit bereits während der Entwicklungsphase zu beurteilen ist. Um die Aktivierung eines Nonvaleurs zu verhindern, darf eine Aktivierung in der Entwicklungsphase jedoch erst dann vorgenommen werden, wenn mit hoher Wahrscheinlichkeit davon auszugehen ist, dass ein einzeln verwertbarer immaterieller Vermögensgegenstand des Anlagevermögens entsteht. Zum anderen ist die Aktivierung eines selbst geschaffenen immateriellen Vermögensgegenstands des Anlagevermögens nur möglich, wenn dessen Herstellungsprozess sich in eine Forschungs- und Entwicklungsphase unterteilen lässt. Können Forschungs- und Entwicklungsphase nicht verlässlich voneinander getrennt werden, verbietet § 255 Abs. 2a S. 4 HGB die Aktivierung sämtlicher dem immateriellen Vermögensgegenstand zuordenbaren Kosten. Dabei wird Entwicklung in § 255 Abs. 2a S. 2 HGB definiert als die Anwendung von Forschungsergebnissen oder von anderem Wissen für die Neuentwicklung von Gütern oder Verfahren oder die Weiterentwicklung von Gütern oder Verfahren mittels wesentlicher Änderungen. Forschung hingegen ist nach § 255 Abs. 2a S. 3 HGB die eigenständige und planmäßige Suche nach neuen wissenschaftlichen oder technischen Erkenntnissen oder Erfahrungen allgemeiner Art, über deren technische Verwertbarkeit und wirtschaftliche Erfolgsaussichten grundsätzlich keine Aussagen gemacht werden können.

Beispiel: Ein Unternehmen beginnt im Januar 01 mit einem neuen Forschungs- und Entwicklungsprojekt mit dem Ziel der Herstellung einer Software die den Produktionsprozess überwacht und steuert. In der Forschungsphase, die eindeutig am 31.03.01 beendet war, fielen Kosten in Höhe von 60.000 € an. Bis zum ersten Testlauf am 21.12.01 sind weitere Kosten in Höhe von 150.000 € angefallen. Der Testeinsatz am 28.12.01 erfolgte mit großem Erfolg. Es wurde festgestellt, dass nur noch minimale Änderungen vorzunehmen sind, bis die Software im Unternehmen eingesetzt werden kann.

Die Aktivierungsvoraussetzungen für selbst geschaffene immaterielle Vermögensgegenstände des Anlagevermögens sind erfüllt. Zum einen lässt sich der Herstellungsprozess zuverlässig in eine Forschungs- und Entwicklungsphase unterteilen. Weiterhin ist aufgrund des Testeinsatzes so gut wie sicher, dass ein immaterieller Vermögensgegenstand zur Entstehung gelang. Somit hat das Unternehmen die Möglichkeit, die Entwicklungskosten in Höhe von 150.000 € zu aktivieren. Die Forschungskosten in Höhe von 60.000 € dürfen aufgrund des Ansatzverbotes in § 255 Abs. 2a S. 4 HGB nicht aktiviert werden.

6.3 Entgeltlich erworbene immaterielle Vermögensgegenstände

Für entgeltlich erworbene immaterielle Vermögensgegenstände besteht aufgrund des Vollständigkeitsgrundsatzes gem. § 246 Abs. 1 HGB eine Aktivierungspflicht, unabhängig davon ob sie zum Anlage- oder Umlaufvermögen gehören. Die Bewertung erfolgt im Zugangszeitpunkt zu Anschaffungskosten. Für die Folgebewertung gelten die allgemeinen Vorschriften zur plan- und außerplanmäßigen Abschreibung sowie die Bestimmungen zur Wertaufholung ohne weitere Besonderheiten.

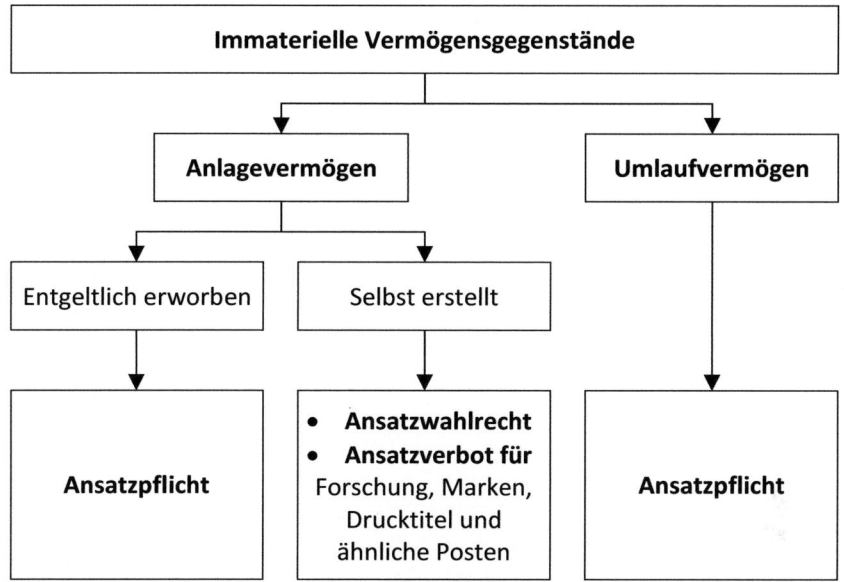

Abbildung 18: Immaterielle Vermögensgegenstände

6.4   Geschäfts- oder Firmenwert

Beim Geschäftswert- oder Firmenwert (auch Goodwill genannt) handelt es sich allgemein um den Betrag, um den der Unternehmenswert den Wert des Eigenkapitals übersteigt. Er setzt sich z. B. aus dem Know-how des Managements und der Mitarbeiter, dem Kundenstamm, dem Image, der Marktstellung des Unternehmens, usw. zusammen. Dabei wird zwischen dem originären, d. h. selbst geschaffenen, und dem derivativen, d. h. entgeltlich erworbenen, Geschäfts- oder Firmenwert unterschieden. Es ist offensichtlich, dass der Geschäfts- oder Firmenwert nicht selbstständig verwertbar ist, sodass er keinen Vermögensgegenstand darstellt. Aus dem Grund sollte eigentlich eine Aktivierung des Geschäfts- oder Firmenwertes ausgeschlossen sein. Dies gilt jedoch nur für den originären Geschäftswert. Der derivative Geschäftswert wird nach § 246 Abs. 1 S. 4 HGB jedoch wie ein zeitlich begrenzt nutzbarer Vermögensgegenstand behandelt. Nur aufgrund dieser gesetzlichen Fiktion gilt er als Vermögensgegenstand und ist daher aufgrund des Vollständigkeitsgrundsatzes zwingend zu aktivieren.

Der entgeltliche Geschäfts- oder Firmenwert stellt nach § 246 Abs. 1 S. 4 HGB den positiven Unterschiedsbetrag um den die für die Übernahme eines Unternehmens bewirkte Gegenleistung den Wert der einzelnen Vermögensgegenstände des Unternehmens abzüglich der Schulden im Zeitpunkt der Übernahme übersteigt. Somit kann der derivative Geschäfts- oder Firmenwert wie folgt ermittelt werden.

> Gegenleistung (i. d. R. Kaufpreis)
> ./. Summe der Zeitwerte der übertragenen Vermögensgegenstände
> + Summe der Zeitwerte der übertragenen Schulden
> = Geschäfts- oder Firmenwert

Voraussetzung nach § 246 Abs. 1 S. 4 HGB ist, dass der übernehmende Erwerber die einzelnen Vermögensgegenstände und Schulden vollständig erwirbt und in seiner Bilanz ausweist (Asset Deal). Somit kann ein Geschäfts- oder Firmenwert im Einzelabschluss nur aufgrund eines Asset Deals entstehen. Sofern ein Unternehmen durch den Erwerb aller Aktien erworben wurde, spricht man von einem Share Deal. In diesem Fall werden im Einzelabschluss nur die erworbenen Aktien als Beteiligungen an verbundenen Unternehmen ausgewiesen. Ein Geschäfts- oder Firmenwert aus einem Share Deal wird daher nur im Konzernabschluss ausgewiesen, auf den hier nicht eingegangen wird.

Beispiel: Das Unternehmen G kauft das Unternehmen K zu einem Kaufpreis von 400.000 €. In der Bilanz des Unternehmens K werden die Vermögensgegenstände mit einem Buchwert i. H. v. 500.000 € und die Schulden mit einem Buchwert i. H. v. 250.000 € ausgewiesen. In den Vermögensständen sind stille Reserven in Höhe von 10 Prozent enthalten.

Der Geschäfts- oder Firmenwert berechnet sich wie folgt:

Kaufpreis	400.000 €
./. Summe der Zeitwerte der übertragenen Vermögens-gegenstände	
Buchwert der Vermögensgegenstände: 500.000 €	
+ stille Reserven (10% von 500.000 €) 50.000 €	550.000 €
+ Summe der Zeitwerte der übertragenen Schulden	250.000 €
= Geschäfts- oder Firmenwert	100.000 €

Der Geschäfts- oder Firmenwert muss als fingierter abnutzbarer Vermögensgegenstand planmäßig abgeschrieben werden. Wenn die voraussichtliche Nutzungsdauer des Geschäfts- oder Firmenwertes nicht verlässlich geschätzt werden kann, ist dieser über 10 Jahre abzuschreiben (§ 253 Abs. 3 S. 3 HGB). Gemäß § 285 Nr. 13 HGB sind im Anhang Angaben zu Nutzungsdauer eines entgeltlich erworbenen Geschäfts- oder Firmenwertes zu machen. Sofern der derivative Geschäfts- oder Firmenwert einmal außerplanmäßig abgeschriebenen worden ist, ist spätere Wertaufholung gem. § 253 Abs. 5 S. 2 HGB ausgeschlossen, da es ansonsten zum Ansatz eines originären Geschäfts- oder Firmenwert käme.

7 Sachanlagen

7.1 Begriff und Arten des Sachanlagevermögens

Bei den Sachanlagen handelt es sich um materielle Vermögensgegenstände, die nach § 266 Abs. 2 A. II. HGB wie folgt unterteilt werden:

- Grundstücke, grundstücksgleiche Rechte und Bauten einschließlich der Bauten auf fremden Grundstücken
- technische Anlagen und Maschinen
- andere Anlagen, Betriebs- und Geschäftsausstattung
- geleistete Anzahlungen und Anlagen im Bau

Als **Grundstück** wird sowohl der unbebaute als auch der bebaute Grund und Boden angesehen. Bilanzrechtlich stellt das Gebäude einen abnutzbaren Vermögensgegenstand dar, der planmäßig über die voraussichtliche Nutzungsdauer abzuschreiben ist. Dagegen handelt es sich beim Grund und Boden um einen nicht abnutzbaren Vermögensgegenstand, der daher auch nicht planmäßig abgeschrieben wird. Bei den **grundstücksgleichen Rechten**, wie z. B. dem Erbbaurecht, handelt es sich zwar eigentlich um immaterielle Vermögensgegenstände, diese werden jedoch dem Sachanlagevermögen zugeordnet, weil es hierbei um dingliche Rechte handelt, die bürgerlich rechtlich wie Grundstücke behandelt werden. Zu den **Bauten** zählen insbesondere Gebäude, aber auch Parkplätze, Schachtanlage usw. Bauten auf fremden Grundstücken liegen vor, wenn das bilanzierende Unternehmen lediglich das (für die Bilanzierung ausschlaggebende) wirtschaftliche Eigentum an den Bauten besitzt, jedoch jemand anderes rechtlicher Eigentümer des Grundstücks ist. Zu den **technischen Anlagen und Maschinen** gehören alle Anlagen und Maschinen, die unmittelbar im Produktionsprozess eingesetzt werden. Die Vermögensgegenstände, die nicht unmittelbar im Produktionsprozess eingesetzt werden, werden als andere Anlage, **Betriebs- und Geschäftsausstattung** ausgewiesen. Bei den **geleisteten Anzahlungen** handelt es sich um Vorauszahlungen des bilanzierenden Unternehmens zum Erwerb von Sachanlagen.

7.2 Bewertung des Sachanlagevermögens

Für die Bewertung des Anlagevermögens ist es sinnvoll zwischen beweglichem und unbeweglichem Sachanlagevermögen zu unterscheiden. Während das unbewegliche Sachanlagevermögen den allgemeinen Vorschriften zur planmäßigen und außerplanmäßigen Abschreibungen sowie den Bestimmungen zur Wertaufholung unterliegt, darf für das bewegliche Sachanlagevermögen eine Bewertungsvereinfachung in Anspruch genommen werden. Grundsätzlich gilt diese Bewertungsvereinfachung für das gesamte Sachanlagevermögen, es ist jedoch unwahrscheinlich, dass unbewegliches Sachanlagevermögen die Voraussetzungen für die Bewertungsvereinfachung erfüllt.

Nach § 240 Abs. 3 S. 1 HGB können (bewegliche) Vermögensgegenstände des Sachanlagevermögens mit einer gleichbleibenden Menge und einem gleichbleibenden Wert angesetzt werden, wenn sie regelmäßig ersetzt werden und ihr Gesamtwert für das Unternehmen von nachrangiger Bedeutung ist und ihr Bestand in seiner Größe, seinem Wert und seiner Zusammensetzung nur geringen Veränderungen unterliegt.

Bilanztechnisch sind bei der Bildung eines Festwerts die Zugänge einer Vermögensposition solange zu aktivieren und abzuschreiben bis der Festwert erreicht ist. Der Festwert ist dann erstmalig anzusetzen, wenn die Zugänge den Abschreibungen entsprechen.

Beispiel: Ein Unternehmen kauft jedes Jahr einen PKW für jeweils 20.000 €, der jeweils linear über fünf Jahre abgeschrieben wird.

Die Bilanzposition Fuhrpark entwickelt sich dann wie folgt.

Zugang 01:	20.000 €
Abschreibung 01 (20.000 €/5)	./. 4.000 €
31.12.01	= 16.000 €
Zugang 02:	+ 20.000 €
Abschreibung 02 (für 2 PKW's)	./. 8.000 €
31.12.02	= 28.000 €
Zugang 03:	+ 20.000 €
Abschreibung 03 (für 3 PKW's)	./. 12.000 €
31.12.03	= 36.000 €
Zugang 04:	+ 20.000 €
Abschreibung 04 (für 4 PKW's)	./. 16.000 €
31.12.04	= 40.000 €
Zugang 05:	+ 20.000 €
Abschreibung 05 (für 5 PKW's)	./. 20.000 €
31.12.05	40.000 €

Am 31.12.05 entsprechen die Zugänge den Abgängen, sodass erstmalig ein Festwert angesetzt werden kann.

Der Festwert ist gem. § 240 Abs. 3 S. 2 HGB alle drei Jahre durch eine körperliche Bestandsaufnahme zu überprüfen. Übersteigt der ermittelte Wert den bisherigen Festwert um nicht mehr als 10 Prozent, so kann der bisherige Festwert beibehalten werden. Andernfalls ist der bisherige Festwert solange aufzustocken bis der durch die körperliche Bestandsaufnahme ermittelte Wert erreicht ist. Dieser Wert bildet dann den neuen Festwert.

7.3   Anlagenspiegel

Nach § 284 Abs. 3 S. 1 HGB ist die Entwicklung der einzelnen Posten des Anlagevermögens im Anhang darzustellen. Daher ist der Anlagespiegel nicht nur für das Sachanlage-, sondern auch für das immaterielle Anlagevermögen zu erstellen. Dabei sind, ausgehend von den gesamten Anschaffungs- und Herstellungskosten, die Zugänge, Abgänge, Umbuchungen und Zuschreibungen des Geschäftsjahrs sowie die Abschreibungen in ihrer gesamten Höhe gesondert aufzuführen (§ 284 Abs. 3 S. 1 HGB). Aus Gründen der Klarheit und Übersichtlichkeit wird dieser tabellarische Anlagespiegel in der Regel im Anhang ausgewiesen. In der Praxis sind verschiedene Darstellungsformen des Anlagespiegels zu finden. Die folgende Tabelle gibt den Aufbau eines typischen Anlagespiegels wider.

AK/ HK	Zu- gänge	Ab- gänge	Um- buch- ungen	Zuschrei- schrei- bungen	Kumu- lierte Abschrei- bungen	RBW 31.12. 02	RBW (VJ) 31.12. 01	Abschrei schrei- bungen im Ge- schäfts- jahr

Abbildung 19: Anlagespiegel

Beispiel: Ein Unternehmen kauft im Januar 01 eine Maschine für 500 € mit einer voraussichtlichen Nutzungsdauer von 10 Jahren. Die Maschine wird linear abgeschrieben (jährlich 50 €). Im Januar 02 wird eine weitere Maschine für 200 € gekauft, deren Nutzungsdauer auf voraussichtlich 5 Jahre geschätzt wird. Diese Maschine wird ebenfalls linear abgeschrieben (jährlich 40 €).

Im Dezember 04 wird die im Januar 02 Maschine angeschaffte Maschine zum Buchwert veräußert.

Jahr	AK/HK	Zugänge	Abgänge	Umbuchungen	Zuschreibungen	Kumulierte Abschreibungen	RBW	RBW (VJ)	Abschreibungen im Geschäftsjahr
01		500				50	450		50
02	500	200				140	560	450	90
03	700					230	470	560	90
04	700		200			200 (= 320 ./. 120)	300	470	90
05	500					250	250	300	50

Beim Abgang von der im Januar 02 Maschine angeschafften Maschine sind nicht nur ihr Restbuchwert, sondern auch die auf sie entfallenden kumulierten Abschreibungen auszubuchen (3 x 40 € = 120 €).

Der Anlagenspiegel informiert die Jahresabschlussadressaten über die Entwicklung des Anlagevermögens im Zeitablauf. Durch die Angabe der historischen Anschaffungs- bzw. Herstellungskosten und der laufenden sowie kumulierten Abschreibungen können Rückschlüsse über die Abschreibungspolitik geschlossen werden.

8 Finanzvermögen

Das Finanzvermögen unterscheidet sich von den anderen Vermögensgegenständen grundsätzlich dadurch, dass das in den finanziellen Vermögensgegenständen gebundene Kapital nicht dem eigenen Unternehmen, sondern anderen Unternehmen zur Verfügung steht. Insgesamt lassen sich drei große Positionen des Finanzvermögens identifizieren:

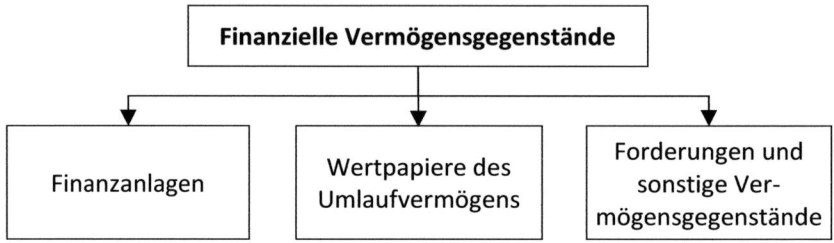

Abbildung 20: Finanzielle Vermögensgegenstände

8.1 Finanzanlagen

Nach § 266 Abs. 2 A. III. HGB gehören zu den Vermögensgegenständen des Finanzanlagevermögens:

- Anteile an verbundenen Unternehmen
- Ausleihungen an verbundene Unternehmen
- Beteiligungen
- Ausleihungen an Unternehmen, mit denen ein Beteiligungsverhältnis besteht
- Wertpapiere des Anlagevermögens
- sonstige Ausleihungen

Anteile an verbundenen Unternehmen sind Anteile an Unternehmen, die als Mutter- oder Tochterunternehmen in den Konzernabschluss eines Mutterunternehmens nach den Vorschriften über die Vollkonsolidierung einzubeziehen sind. Ein Mutter-Tochter-Verhältnis liegt nach § 290 Abs. 1 S. 1 HGB vor, wenn eine Kapitalgesellschaft als Mutterunternehmen mit Sitz im Inland auf ein anderes Unternehmen (Tochterunternehmen) einen beherrschenden Einfluss ausüben kann. Nach § 290 Abs. 2 HGB liegt ein beherrschender Einfluss eines Mutterunternehmens beispielsweise vor, wenn ihm bei einem anderen Unternehmen die Mehrheit der Stimmrechte der Gesellschafter zusteht. Sofern eine Bilanzierung von Anteilen an verbundenen Unternehmen erfolgt, verlangt § 272 Abs. 4 HGB, dass für diese Anteile eine Rücklage gebildet wird und der in die Rücklage gebuchte Betrag nicht ausgeschüttet werden kann.

Bei den **Ausleihungen** an verbundene Unternehmen handelt es sich um Finanzforderungen gegenüber verbundenen Unternehmen, die durch eine Kapitalüberlassung entstehen.

Beteiligungen stellen nach § 271 Abs. 1 HGB Anteile an anderen Unternehmen dar, die dazu bestimmt sind, dem eigenen Geschäftsbetrieb durch Herstellung einer dauernden Verbindung zu jenen Unternehmen zu dienen. Nach § 271 Abs. 1 S. 3 HGB besteht die widerlegbare Vermutung für das Vorliegen einer Beteiligung, wenn der Anteil am anderen Unternehmen 20 Prozent des Nennkapitals übersteigt. Sofern diesen Unternehmen Kapital überlassen wurde, handelt es sich um **Ausleihungen an Unternehmen, mit denen ein Beteiligungsverhältnis** besteht. Die Position **Wertpapiere** des Anlagevermögens stellt eine Auffangposition dar, weil in ihr alle Wertpapiere auszuweisen sind, die weder Anteile an verbundenen Unternehmen noch Beteiligungen darstellen. Grundsätzlich liegen somit Wertpapiere vor, wenn der Anteil am anderen Unternehmen höchstens 20 Prozent des Nennkapitals beträgt. Sofern diesen Unternehmen Kapital überlassen wurde, handelt es sich um **sonstige Ausleihungen**, sodass auch diese Position als Auffangbecken für alle Ausleihungen besteht, die nicht an verbundene Unternehmen oder Beteiligungsunternehmen getätigt wurden.

Die Zugangsbewertung der Finanzanlagen erfolgt zu Anschaffungskosten. Finanzanlagen werden nicht planmäßig abgeschrieben; es kommen lediglich außerplanmäßige Abschreibungen in Betracht. Wie bei allen anderen Vermögensgegenständen des Anlagevermögens sind außerplanmäßige Abschreibungen bei einer voraussichtlich dauerhaften Wertminderung zwingend vorzunehmen. Dabei sind Kursschwankungen von börsennotierten Finanzanlagen jedoch nur als vorübergehende Wertminderung zu interpretieren.

Im Unterschied zum anderen Anlagevermögen besteht beim Finanzanlagevermögen auch bei einer voraussichtlich vorübergehenden Wertminderung die Möglichkeit zur außerplanmäßigen Abschreibung für das bilanzierende Unternehmen. Denn § 253 Abs. 3 S. 6 HGB gewährt dem bilanzierenden Unternehmen ein Abschreibungswahlrecht für Finanzanlagen bei einer voraussichtlich vorübergehenden Wertminderung. Allerdings ist nach

§ 253 Abs. 5 S. 1 HGB zwingend eine Wertaufholung vorzunehmen, wenn der Grund für eine außerplanmäßige Abschreibung entfallen ist.

8.2 Wertpapiere des Umlaufvermögens

Die Wertpapiere des Umlaufvermögens unterscheiden sich von den Finanzanlagen insbesondere dadurch, dass sie nicht dauerhaft dem Geschäftsbetrieb dienen sollen, sondern zu spekulativen Zwecken erworben wurden.

Nach § 266 Abs. 2 B. III. HGB gehören zu den Wertpapieren des Umlaufvermögens:

- Anteile an verbundenen Unternehmen
- sonstige Wertpapiere

Bei den **Anteilen an verbundenen Unternehmen** handelt es sich um kurzfristig gehaltene Anteile an Unternehmen, mit denen ein Mutter-Tochter-Verhältnis besteht. Auch für die im Umlaufvermögen ausgewiesenen Anteile an verbundenen Unternehmen ist nach § 272 Abs. 4 HGB eine Rücklage zu bilden.

Unter den **sonstigen Wertpapieren** sind kurzfristig gehaltene Anteile auszuweisen, die keine Anteile an verbundenen Unternehmen darstellen.

Die Zugangsbewertung erfolgt zu Anschaffungskosten. Bei der Folgebewertung ist darauf zu achten, dass im Umlaufvermögen das strenge Niederstwertprinzip gilt, sodass bereits bei einer Kursschwankung nach unten zwingend eine außerplanmäßige Abschreibung zu erfolgen hat. Sofern der Grund für eine außerplanmäßige Abschreibung entfallen ist, hat zwingend eine Wertaufholung zu erfolgen.

Beispiel: Der Kurs eines zu Spekulationszwecken erworbenen Wertpapiers beträgt bei Anschaffung am 25.11.01 37 €. Seitdem schwankt der Kurs zwischen 30 € und 40 €. Am 31.12.01, dem Bilanzstichtag, beträgt der Kurs 35 €. Seitdem klettert der Kurs stetig nach oben und beträgt am Tag der Bilanzaufstellung, dem 30.03.02, sogar 52 €.
Für Wertpapiere des Umlaufvermögens gilt das strenge Niederstwertprinzip, sodass auch bei einer nur vorübergehenden Wertminderung zwingend eine außerplanmäßige Abschreibung vorzunehmen ist. Die

---

Wertpapiere sind daher zu einem Kurs von 35 € zu bilanzieren.

8.3 Forderungen und sonstige Vermögensgegenstände

Bei Forderungen und sonstigen Vermögensgegenständen handelt es sich um Ansprüche aus gegenseitigen Verträgen, bei denen das bilanzierende Unternehmen die Leistung bereits erbracht hat, die Gegenleistung des Vertragspartners jedoch noch fällig ist. Nach § 266 Abs. 2 B II. HGB werden die Forderungen und sonstige Vermögensgegenstände unterteilt in:

- Forderungen aus Lieferungen und Leistungen
- Forderungen gegen verbundene Unternehmen
- Forderungen gegen Unternehmen, mit denen ein Beteiligungsverhältnis besteht
- sonstige Vermögensgegenstände

Forderungen aus Lieferungen und Leistungen entstehen aus einem Veräußerungsgeschäft, bei dem das bilanzierende Unternehmen entweder einen Gegenstand geliefert oder eine Dienstleistung erbracht hat, die Zahlung des Kaufpreises aber noch offen ist. In der Position **Forderungen gegen verbundene Unternehmen** werden alle kurzfristigen Forderungen gegen Unternehmen, mit denen ein Mutter-Tochter-Verhältnis besteht, ausgewiesen. Ein Ausweis unter dieser Position geht dem Ausweis unter der Position „Forderungen aus Lieferungen und Leistungen" vor, d. h. Forderungen aus Lieferungen und Leistungen gegenüber einem Mutter- oder Tochterunternehmen werden nicht in der Position „Forderungen aus Lieferungen und Leistungen", sondern in der Position „Forderungen gegen verbundene Unternehmen" erfasst. Unter der Position **Forderungen gegen Unternehmen, mit denen ein Beteiligungsverhältnis besteht**, werden alle kurzfristigen Forderungen gegen Unternehmen ausgewiesen, die dazu bestimmt sind, dem eigenen Geschäftsbetrieb durch Herstellung einer dauernden Verbindung zu jenen Unternehmen zu dienen. Auch der Ausweis unter dieser Position geht dem Ausweis unter der Position „Forderungen aus Lieferungen und Leistungen" vor. Die Position sonstige Vermögensgegenstände stellt einen Sammelposten dar, unter dem alle übrigen Vermögensgegenstände des Umlaufvermögens ausgewiesen werden, die einer anderen Position nicht zugeordnet werden können (wie z. B. Lohn- und Gehaltsvorschüsse).

Forderungen werden grundsätzlich zum Nennwert bewertet, d. h. in Höhe des Rechnungsbetrags inklusive Umsatzsteuer. Auch für Forderungen gilt das strenge Niederstwertprinzip, sodass eine Wertminderung vorzunehmen ist, wenn der beizulegende Wert am Bilanzstichtag gesunken ist. Der beizulegende Wert einer Forderung bestimmt sich nach der Wahrscheinlichkeit des Forderungseingangs, d. h. nach dem Ausfallrisiko der Forderung. Aus Gründen der Vorsicht sind Forderungen bereits dann zu berichtigen, wenn Gründe vorliegen, die einen teilweisen Zahlungsausfall der Forderung vermuten lassen. Die Wertberichtigungen erfolgen stets vom Nettobetrag der Forderungen. Die Umsatzsteuer darf erst korrigiert werden, wenn der Forderungsausfall mit Sicherheit feststeht, d. h. solange der Forderungsausfall nur wahrscheinlich ist, erfolgt keine Umsatzsteuerkorrektur.

Beispiel: Ein Unternehmen hat am 31.12.01 eine Forderung gegenüber einem Kunden in Höhe von 238.000 € (brutto). Am Bilanzstichtag geht das Unternehmen davon aus, dass der Kunde nur 50 % der Forderung bezahlen kann.

Forderung (brutto)	238.000 €
USt (19 %)	./. 38.000 €
Forderung (netto)	= 200.000 €
Wertberichtigung (50 %)	./. 100.000 €
verbleibende Forderungen (netto)	= 100.000 €
gesamte USt	+ 38.000 €
Bilanzansatz Forderungen	= 138.000 €

Da am 31.12.01 der Forderungsausfall nur wahrscheinlich, jedoch noch nicht sicher ist, darf die Umsatzsteuer noch nicht korrigiert werden.

Variante: Am 31.12.01 steht mit Sicherheit fest, dass der Kunde nur 50 % der Forderung bezahlen kann.

Forderung (brutto)	238.000 €
USt (19%)	./. 38.000 €
Forderung (netto)	= 200.000 €
Wertberichtigung (50 %)	./. 100.000 €
verbleibende Forderungen (netto)	= 100.000 €
50 % der USt	+ 19.000 €

Bilanzansatz Forderungen	= 119.000 €

Da am 31.12.01 der Forderungsausfall mit Sicherheit feststeht, ist auch die Umsatzsteuer um 50 % zu korrigieren.

Grundsätzlich gilt auch bei der Bewertung von Forderungen der Grundsatz der Einzelbewertung gem. § 252 Abs. 1 Nr. 3 HGB, sodass grundsätzlich jede Forderung im Rahmen einer Einzelwertberichtigung zu überprüfen ist. Sofern dies nicht möglich ist, z. B. weil sehr viele Forderungen bestehen, deren jeweiliges Ausfallrisiko für jede einzelne Forderung nur schwierig abzuschätzen ist, darf nach § 252 Abs. 2 HGB eine Pauschalwertberichtigung vorgenommen werden. Somit dürfen die Forderungen, bei denen nicht bereits eine Einzelwertberichtigung vorgenommen wurde, zusammengefasst und pauschal wertberichtigt werden. Die Höhe der Pauschalwertberichtigung ergibt sich aus den Erfahrungen des Unternehmens über das Ausfallrisiko in der Vergangenheit. Dabei ist darauf zu achteten, das wertgesicherte Forderungen (z. B. Forderungen gegen den Staat oder versicherte Forderungen) nicht in die Pauschalwertberichtigung mit eingehen.

Beispiel: Ein Unternehmen hat einen Gesamtforderungsbestand im Nennwert von 2.380.000 € (brutto). Darunter befindet sich eine Forderung in Höhe von 238.000 € (brutto), die gegen einen Ausfall über eine Kreditversicherung versichert ist. Daneben besteht noch eine Forderung gegen den Kunden Brause in Höhe von 119.000 € (brutto), bei der mit einem Forderungsausfall in Höhe von 60 % zu rechnen ist. Aus den Erfahrungen der vergangen Jahre rechnet das Unternehmen mit einem allgemeinen Ausfallrisiko von 2 %.

Forderungsbestand gesamt (brutto)	**2.380.000 €**
Einzelwertberichtigung	
einzeln zu berichtigende Forderung (brutto)	119.000 €
USt	./. 19.000 €
Nettobetrag für die Einzelberichtigung	= 100.000 €
Wahrscheinlicher Ausfall 60 %	./. **60.000 €**
Pauschalwertberichtigung	
Forderungsbestand gesamt (brutto)	2.380.000 €
sichere Forderung (brutto)	./. 238.000 €
bereits einzelberichtigte Forderung (brutto)	./. 119.000 €
Restbetrag für Pauschalberichtigung (brutto)	= 2.023.000 €

USt	./. 323.000 €
Nettobetrag für die Pauschalberichtigung	= 1.700.000 €
Wahrscheinlicher Ausfall 2 %	./. **34.000 €**
Gesamtforderungsbestand nach Wertberichtigung	= 2.286.000 €

9 Vorräte

9.1 Begriff und Arten

Zu den Vorräten gehören nach § 266 Abs. 2 B. I. HGB:

- Roh-, Hilfs- und Betriebsstoffe
- unfertige Erzeugnisse, unfertige Leistungen
- fertige Erzeugnisse und Waren
- geleistete Anzahlungen

Roh-, Hilfs- und Betriebsstoffe sind Vermögensgegenstände, die im Rahmen des betrieblichen Produktionsprozesses weiterverarbeitet werden. Dabei stellen **Rohstoffe** die Hauptbestandteile des herzustellenden Produktes dar. **Hilfsstoffe** gehen zwar auch in das herzustellende Produkt ein, allerdings handelt es sich bei ihnen nur um Nebenbestandteile. **Betriebsstoffe** gehen dagegen nicht in das herzustellende Produkt ein. Sie werden jedoch benötigt, um den Produktionsprozess durchzuführen (z. B. zum Betrieb der Maschinen und Anlagen).

Bei den **unfertigen Erzeugnissen** handelt es sich um Vermögensgegenstände, die im Unternehmen hergestellt, aber am Bilanzstichtag noch nicht fertiggestellt worden sind. **Unfertige Leistungen** sind entsprechend Leistungen, mit denen bereits vor dem Bilanzstichtag begonnen wurde, die zu diesem Zeitpunkt jedoch noch nicht beendet sind.

Fertige Erzeugnisse sind selbst hergestellte und verkaufsfertige Produkte eines Unternehmens. **Waren** sind fremdbezogene Vermögensgegenstände, die ohne Bearbeitung weiter veräußert werden sollen.

Geleistete Anzahlungen sind Vorauszahlungen auf Roh-, Hilfs- oder Betriebsstoffe oder Waren, die das Unternehmen am Abschlussstichtag noch nicht erhalten hat.

9.2 Bewertungsvereinfachungen

Die Bewertung der Vorräte erfolgt grundsätzlich nach den allgemeinen Prinzipien, d. h. die Erstbewertung erfolgt zu Anschaffungs- bzw. Herstellungskosten und bei der Folgebewertung ist das strenge Niederstwertprinzip zu beachten, sodass auf niedrigere Börsen- oder Marktwerte (bzw. beizulegende Werte) außerplanmäßig abzuschreiben ist. Auch bei den Vorräten gilt grundsätzlich das Prinzip der Einzelbewertung. In vielen Fällen ist eine Einzelbewertung jedoch nicht möglich (z. B. wenn sich Flüssigkeiten oder Gase miteinander vermischen) oder nicht wirtschaftlich durchzuführen (z. B. Einzelbewertung jeder Schraube im Baumarkt). Aus diesem Grund bietet das Handelsrecht bestimmte Bewertungsvereinfachungen zur Wertermittlung an.

9.2.1 Festwert

Für Roh-, Hilfs- und Betriebsstoffe darf nach § 240 Abs. 3 HGB ein Festwert angesetzt werden, sofern

- sie regelmäßig ersetzt werden,
- ihr Gesamtwert von nachrangiger Bedeutung ist (< 10 % der Bilanzsumme) und
- ihr Bestand in Größe, Wert und Zusammensetzung nur geringfügig schwankt.

Der Festwert ist gem. § 240 Abs. 3 S. 2 HGB alle drei Jahre durch eine körperliche Bestandsaufnahme zu überprüfen. Übersteigt der ermittelte Wert den bisherigen Festwert um nicht mehr als 10 Prozent, so kann der bisherige Festwert beibehalten werden. Andernfalls ist der bisherige Festwert solange aufzustocken bis der durch die körperliche Bestandsaufnahme ermittelte Wert erreicht ist. Dieser Wert bildet dann den neuen Festwert.

9.2.2 Gruppenbewertung

Nach § 240 Abs. 4 HGB ist eine Gruppenbewertung von gleichartigen Vermögensgegenständen des Vorratsvermögens möglich, deren Bewertung mit dem gewogenen Durchschnitt zu erfolgen hat. Die Durchschnittsbewertung kann entweder als einfaches gewogenes Durchschnittsverfahren oder als gleitendes Durchschnittsverfahren erfolgen.

Bei der einfachen Durchschnittsmethode werden die Anschaffungs- bzw. Herstellungskosten der einzelnen Zugänge und des Anfangsbestandes durch die Gesamtmenge (aus Anfangsbestand zuzüglich aller Zugänge) dividiert.

Beispiel: Ein Unternehmen hat am 01.01.01 einen Warenanfangsbestand (AB) von 800 Stück, bewertet zu je 50 €/Stück. Im Laufe des Jahres 01 haben sich folgende Zugänge ereignet:

1. Zugang am 12.03.01:   500 Stück zu 45 €/Stück
2. Zugang am 05.07.01:   750 Stück zu 42 €/Stück
3. Zugang am 30.10.01:   400 Stück zu 40 €/Stück

Die Inventur hat zum 31.12.01 einen Endbestand (EB) von 1.400 Stück ergeben.

	Menge	Preis	Gesamt
Anfangsbestand	800 Stück	50 €/Stück	40.000 €
1. Zugang	500 Stück	45 €/Stück	22.500 €
2. Zugang	750 Stück	42 €/Stück	31.500 €
3. Zugang	400 Stück	40 €/Stück	16.000 €
Summe	2.450 Stück		110.000 €

$$Gewogener\ Durchschnitt = \frac{110.000\ €}{2.450\ €}$$
$$\approx 44,90\ €/Stück$$

Somit betragen die Anschaffungskosten für den Endbestand:

$$Anschaffungskosten\ (EB) = 44,90\ €/Stück\ x\ 1.400\ Stück$$
$$= 62.860\ €$$

Bei der Methode der gleitenden gewogenen Durchschnittsbewertung wird zu jedem Zu- oder Abgang ein neuer Durchschnittswert berechnet.

Beispiel: Ein Unternehmen hat am 01.01.01 einen Warenanfangsbestand (AB) von 800 Stück, bewertet zu je 50 €/Stück. Im Laufe des Jahres 01 haben sich folgende Zugänge und Abgänge ereignet:

1. Abgang am 20.02.01:   300 Stück
1. Zugang am 12.03.01:   500 Stück zu 45 €/Stück
2. Abgang am 25.05.01:   100 Stück
2. Zugang am 05.07.01:   750 Stück zu 42 €/Stück
3. Abgang am 20.09.01:   650 Stück
3. Zugang am 30.10.01:   400 Stück zu 40 €/Stück

Die Inventur hat zum 31.12.01 einen Endbestand (EB) von 1.400 Stück ergeben.

	Menge in Stück	Preis in €/Stück	Gesamtpreis in €	gleitender Durchschnitt (Gesamtpreis/Menge)
AB	800	50,00	40.000	
1. Abgang	300	50,00	./. 15.000	
Bestand	500		= 25.000	
1. Zugang	500	45,00	+ 22.500	
Bestand	1.000		= 47.500	47,50 €/Stück
2. Abgang	100	47,50	./. 4.750	
Bestand	900		= 42.750	
2. Zugang	750	42,00	+ 31.500	
Bestand	1.650		= 74.250	45,00 €/Stück
3. Abgang	650	45,00	./. 29.250	
Bestand	1.000		= 45.000	
3. Zugang	400	40,00	+ 16.000	
EB	1.400		= 61.000	43,57 €/Stück

9.2.3   Verbrauchsfolgeverfahren

§ 256 Abs. 1 S. 1 HGB erlaubt für die Bewertung von gleichartigen Vermögensgegenständen des Vorratsvermögens die Anwendung der sogenannten Verbrauchsfolgeverfahren, mit deren Hilfe eine einfachere Ermittlung der Anschaffungs- bzw. Herstellungskosten des Vorratsvermögens erreicht werden soll. Die Verbrauchsfolgeverfahren gehen von der Fiktion einer bestimmten Verbrauchsreihenfolge der Vorräte aus. Die bekanntesten Verfahren sind das Lifo- und das Fifo-Verfahren.

Lifo steht für Last-in-first-out. Somit unterstellt das Lifo-Verfahren, dass zunächst die zuletzt angeschafften oder hergestellten Vermögensgegenstände des Vorratsvermögens verbraucht oder veräußert werden. Die Bewertung des Vorratsbestands erfolgt daher anhand der ältesten Bestände und Zugänge im Geschäftsjahr. Ebenso wie bei der Durchschnittsmethode ist auch bei der Lifo-Methode eine einfache Methode mit einmaliger Bestandsbewertung am Jahresende (sog. **Perioden-Lifo-Verfahren**) und eine gleitende Methode mit fortlaufender Lifo-Bewertung während des Jahres (sog. **Permanentes Lifo-Verfahren**) möglich.

Beispiel: Ein Unternehmen hat am 01.01.01 einen Warenanfangsbestand (AB) von 3.000 Stück, bewertet zu je 15 €/Stück. Im Laufe des Jahres 01 haben sich folgende Zugänge und Abgänge ereignet:

1. Abgang am 20.02.01: 2.000 Stück
1. Zugang am 12.03.01: 350 Stück zu 20 €/Stück
2. Abgang am 25.05.01: 850 Stück
2. Zugang am 05.07.01: 800 Stück zu 12 €/Stück
3. Abgang am 20.09.01: 550 Stück

Die Inventur hat zum 31.12.01 einen Endbestand von 750 Stück ergeben. Wie ist der Endbestand nach Perioden-Lifo-Verfahren und nach permanenten Lifo-Verfahren zu bewerten?

Nach Perioden-Lifo-Verfahren ist der Endbestand mit 11.250 € (750 Stück x 15 €/Stück) zu bewerten.

Beim permanenten Lifo-Verfahren muss jeder einzelne Zu- und Abgang berücksichtigt werden.

AB:	3.000 St.	zu	15 €/St.			45.000 €
1. Abgang	2.000 St.	zu	15 €/St.			./. 30.000 €
Bestand	1.000 St.	zu	15 €/St.			= 15.000 €
1. Zugang	350 St.	zu	20 €/St.			+ 7.000 €
Bestand	1.350 St.	davon	1.000 St.	zu 15 €/St.	15.000 €	
			350 St.	zu 20 €/St.	7.000 €	= 22.000 €
2. Abgang	850 St.	davon	500 St.	zu 15 €/St.	7.500 €	
			350 St.	zu 20 €/St.	7.000 €	./. 14.500 €
Bestand	500 St.	zu	15 €/St.			= 7.500 €
2. Zugang	800 St.	zu	12 €/St.			+ 9.600 €
Bestand	1.300 St.	davon	500 St.	zu 15 €/St.	7.500 €	
			800 St.	zu 12 €/St.	9.600 €	= 17.100 €
3. Abgang			550 St.	zu 12 €/St.		./. 6.600 €
Endbestand	750 St.	davon	500 St.	zu 15 €/St.	7.500 €	
			250 St.	zu 12 €/St.	3.000 €	= 10.500 €

Fifo steht für First-in-first-out. Somit unterstellt das Fifo-Verfahren, dass zunächst die zuerst angeschafften oder hergestellten Vermögensgegenstände des Vorratsvermögens verbraucht oder veräußert werden. Die Bewertung des Vorratsbestands erfolgt daher anhand der neusten Bestände und Zugänge im Geschäftsjahr. Ebenso wie bei der Durchschnittsmethode und der Lifo-Methode ist auch bei der Fifo-Methode eine einfache Methode mit einmaliger Bestandsbewertung am Jahresende (sog. **Perioden-Fifo-Verfahren**) und eine gleitende Methode mit fortlaufender Fifo-Bewertung während des Jahres (sog. **Permanentes Fifo-Verfahren)** möglich.

Beispiel: Ein Unternehmen hat am 01.01.01 einen Warenanfangsbestand (AB) von 3.000 Stück, bewertet zu je 15 €/Stück. Im Laufe des Jahres 01 haben sich folgende Zugänge und Abgänge ereignet:

1. Abgang am 20.02.01:   2.000 Stück
1. Zugang am 12.03.01:   350 Stück zu 20 €/Stück
2. Abgang am 25.05.01:   850 Stück
2. Zugang am 05.07.01:   800 Stück zu 12 €/Stück
3. Abgang am 20.09.01:   550 Stück

Die Inventur hat zum 31.12.01 einen Endbestand von 750 Stück ergeben. Wie ist der Endbestand nach Perioden-Fifo-Verfahren und nach permanenten Fifo-Verfahren zu bewerten?
Nach Perioden-Fifo-Verfahren ist der Endbestand mit 9.000 € (750 Stück x 12 €/Stück) zu bewerten.

Beim permanenten Fifo-Verfahren muss jeder einzelne Zu- und Abgang berücksichtigt werden.

AB:	3.000 St.	zu	15 €/St.			45.000 €
1. Abgang	2.000 St.	zu	15 €/St.			./. 30.000 €
Bestand	1.000 St.	zu	15€/St.			= 15.000 €
1. Zugang	350 St.	zu	20 €/St.			+ 7.000 €
Bestand	1.350 St.	davon	1.000 St.	zu 15 €/St.	15.000 €	
			350 St.	zu 20 €/St.	7.000 €	= 22.000 €
2. Abgang	850 St.	davon	850 St.	zu 15 €/St.		./. 12.750 €
Bestand	500 St.	davon	150 St.	zu 15 €/St.	2.250 €	
			350 St.	zu 20 €/St.	7.000 €	= 9.250 €
2. Zugang	800 St.	zu	12 €/St.			+ 9.600 €
Bestand	1.300 St.	davon	150 St.	zu 15 €/St.	2.250 €	
			350 St.	zu 20 €/St.	7.000 €	
			800 St.	zu 12 €/St.	9.600 €	= 18.850 €
3. Abgang	550 St.	davon	150 St.	zu 15 €/St.	2.250 €	
			350 St.	zu 20 €/St.	7.000 €	
			50 St.	zu 12 €/St.	600 €	= 9.850 €
Endbestand	750 St.	zu	12 €/St.			= 9.000 €

10 Aktiver Unterschiedsbetrag aus der Vermögens- verrechnung

Nach § 246 Abs. 2 S. 2 HGB sind Vermögensgegenstände, die dem Zugriff aller übrigen Gläubiger entzogen sind und ausschließlich der Erfüllung von Schulden aus Altersversorgungsverpflichtungen oder vergleichbaren lang- fristig fälligen Verpflichtungen dienen, mit diesen Schulden zu verrechnen. Übersteigt der beizulegende Zeitwert der Vermögensgegenstände den Betrag der Schulden, ist nach § 246 Abs. 2 S. 3 HGB der übersteigende Betrag zu aktivieren und nach § 266 Abs. 2 E. HGB als aktiver Unter- schiedsbetrag aus der Vermögensverrechnung auszuweisen. Da es sich bei diesem Posten nur um einen Saldo aus Verrechnung von bestimmten Ver- mögensgegenständen mit bestimmten Schulden handelt und eine selbst- ständige Verwertbarkeit nicht gegeben ist, handelt es sich bei diesem Pos- ten um keinen Vermögensgegenstand. Sofern es zu einer Aktivierung eines aktiven Unterschiedsbetrags aus der Vermögensverrechnung kommt, be- steht nach § 268 Abs. 8 HGB eine Ausschüttungssperre für diese Position.

11 Das Eigenkapital

11.1 Definition, Funktion und Bedeutung

Grundsätzlich sind alle Kaufleute gem. § 242 HGB dazu verpflichtet eine Bilanz zu erstellen. Diese ist in eine Aktiv- sowie eine Passivseite zu untergliedern. Die Passivseite beschreibt die Herkunft des zur Verfügung gestellten Kapitals, während die Aktivseite darstellt wofür die zur Verfügung gestellten Mittel verwendet wurden. Das Eigenkapital der Gesellschaft wird auf der Passivseite der Bilanz ausgewiesen.

Anders als andere Bilanzposten, wie z. B. die Vermögensgegenstände, unterliegt das Eigenkapital keiner eigenständigen Bewertung. Es ergibt sich als Restgröße aus Vermögensgegenständen abzüglich Rückstellungen, Verbindlichkeiten, passiver latenter Steuerposten und passiver Rechnungsabgrenzungsposten.

Für die Zuordnung des dem Unternehmen überlassenen Kapitals zum Eigenkapital haben sich in der Literatur folgende Merkmale herauskristallisiert:

- die Gewinnabhängigkeit der Vergütung,
- die Nachrangigkeit im Insolvenzfall,
- die Teilnahme am Verlust sowie
- die Nachhaltigkeit.

Schwieriger ist die Unterscheidung zwischen Eigen- und Fremdkapital bei hybridem oder mezzaninem Kapital wie z. B. bei Genussrechten oder einer stillen Beteiligung. Da diese Finanzierungsformen Eigenkapital- als auch Fremdkapitalmerkmale beinhalten können, hat die letztendliche Würdigung anhand der konkreten vertraglichen Ausgestaltung zu erfolgen.

Ein potentieller Kapitalgeber steht vor der Frage, ob er einer Gesellschaft Eigen- oder Fremdkapital überlässt. Seine Entscheidung darüber ist davon abhängig, welche Funktion mit der Überlassung von Eigen- bzw. Fremdkapital verbunden ist. Das Eigenkapital erfüllt folgende Funktionen:

- Das Eigenkapital kann über die Auflösung von Rücklagen sowie die Herabsetzung des gezeichneten Kapitals zum Ausgleich von Verlusten herangezogen werden. Dies geschieht natürlich zu Lasten der Eigenkapitalgeber (Ausgleich von Verlusten).

- Daher erhalten die Eigenkapitalgeber im Gegenzug einen quotalen Anspruch auf die entstandenen Gewinne der Gesellschaft (Anspruch auf Gewinn).
- Eigenkapitalgeber können darüber hinaus durch die Teilnahme an der Haupt- oder Gesellschafterversammlung Einfluss auf die Geschäftsführung nehmen (Einfluss auf Geschäftsführung).
- Die Gesellschafter einer AG bzw. einer GmbH und die Kommanditisten einer KGaA haften nur mit ihrer Einlage für Verbindlichkeiten der Gesellschaft. Die Kapitalgesellschaft an sich haftet mit ihrem gesamten Vermögen für die Schulden der Gesellschaft (§ 1 Abs. 1 S. 2 AktG, § 13 Abs. 2 GmbHG) (Haftung für Verbindlichkeiten der Gesellschaft).
- Das Eigenkapital kann nur unter sehr restriktiven Bedingungen verringert werden, verbleibt daher i. d. R. längerfristig im Unternehmen und trägt so zu einer verbesserten Eigenkapitalquote und guten Finanzierungsbedingungen bei (Finanzierungsfunktion).

§ 247 HGB gilt für alle Kaufleute und gibt einen ersten Überblick über die Einordnung des Eigenkapitals. Dieser besagt allerdings lediglich, dass das Eigenkapital getrennt von den Schulden und RAP auszuweisen und hinreichend aufzugliedern ist. Die ergänzenden Vorschriften für Kapitalgesellschaften der §§ 264 ff. HGB konkretisieren diese sehr unpräzise Vorschrift. Gemäß § 272 HGB ist das Eigenkapital grundsätzlich in:

- das gezeichnete Kapital (Abs. 1),
- die Kapitalrücklage (Abs. 2) und
- die Gewinnrücklagen (Abs. 3) unterteilt.

Diese Posten sind beim Ausweis des Jahresergebnisses ohne Ergebnisverwendung noch um die Posten:

- Ergebnisvortrag (Gewinn- oder Verlustvortrag) und
- Jahresergebnis (Jahresüberschuss oder –fehlbetrag) zu ergänzen (§ 266 Abs. 3 A HGB).

Im Falle des Ausweises des Jahresergebnisses mit teilweiser Ergebnisverwendung tritt an die Stelle der zwei zuvor genannten Posten der Posten Bilanzgewinn oder –verlust (§ 268 Abs. 1 S. 2 HGB). Ergibt sich ein Bilanzgewinn von Null, wird der Jahresabschluss also unter vollständiger Ergebnisverwendung aufgestellt, entfällt der Posten des Bilanzgewinns oder –verlusts in der Bilanz.

11.2 Gezeichnetes Kapital

11.2.1 Grundlagen

Das gezeichnete Kapital wird bei der GmbH als Stammkapital und bei der AG bzw. KGaA als Grundkapital bezeichnet. Es ist das Kapital, mit dem die Gesellschaft für Verbindlichkeiten gegenüber den Gläubigern haftet. Es wird mit dem Nennbetrag oder dem rechnerischen Wert der Aktien oder der Stammeinlagen angesetzt. Für die AG sowie die GmbH gelten gesetzlich festgeschriebene Mindestgrenzen bzgl. des gezeichneten Kapitals:

- das Grundkapital der AG muss mindestens TEUR 50 (§ 7 AktG) und
- das Stammkapital der GmbH muss mindestens TEUR 25 (§ 5 Abs. 1 GmbHG) betragen.

Der Betrag des gezeichneten Kapitals ist in der Satzung oder im Gesellschaftsvertrag bestimmt, im Handelsregister eingetragen und kann lediglich durch eine Änderung der Satzung bzw. des Gesellschaftsvertrags in Form einer Kapitalerhöhung oder -herabsetzung mit anschließender Anpassung des Betrags im Handelsregister geändert werden.

Das Grundkapital der AG ist in Aktien zerlegt, wobei entweder Nennbetrags- oder Stückaktien ausgegeben werden können (§ 8 Abs. 1 AktG). Der Unterschied zwischen den beiden Aktienformen besteht in der Zerlegung des Grundkapitals. Bei Stückaktien kann das Grundkapital durch die Anzahl der Aktien zerlegt werden. Somit hat jede Stückaktie denselben rechnerischen Wert. Nennbetragsaktien hingegen können unterschiedliche Nennbeträge haben. Eine Zerlegung des Grundkapitals ist nicht durch die Anzahl der Aktien, sondern nur durch die einzelnen Nennbeträge möglich. Als Untergrenze gilt für beide Aktienformen ein Nennbetrag bzw. rechnerischer Wert pro Stückaktie von mindestens € 1 (§ 8 Abs. 2 S. 1 AktG, § 8 Abs. 3 S. 3 AktG). Bei der Gründung der AG müssen gem. § 36a Abs. 1 AktG die Bareinlagen mindestens zu einem Viertel des geringsten Ausgabebetrags sowie ggf. der gesamte Agiobetrag eingefordert sein. Da die Bareinlagen zum Zeitpunkt der Gründung nicht bereits vollständig erbracht worden sein müssen, kann es zu ausstehenden Einlagen auf das gezeichnete Kapital kommen. Sacheinlagen müssen hingegen zum Zeitpunkt der Gründung vollständig geleistet sein (§ 36a Abs. 2 S. 1 AktG).

Ein Geschäftsanteil einer GmbH muss gem. § 5 Abs. 2 S. 1 GmbHG ebenfalls auf einen vollen Eurobetrag lauten. Gemäß § 7 Abs. 2 S. 1 GmbHG muss bei der Anmeldung der GmbH, soweit keine Sacheinlage vereinbart ist, auf jeden Gesellschaftsanteil mindestens ein Viertel des Nennbetrags eingezahlt worden sein. Sacheinlagen müssen hingegen zum Zeitpunkt der Anmeldung stets in voller Höhe geleistet worden sein (§ 7 Abs. 3 GmbHG). Insgesamt muss durch Geld- und Sacheinlagen mindestens die Hälfte der T€ 25 eingezahlt worden sein (§ 7 Abs. 2 S. 2 GmbHG). Demnach kann es auch bei der GmbH zum Zeitpunkt der Gründung zu ausstehenden Einlagen auf das gezeichnete Kapital kommen. Gemäß § 5a GmbHG besteht allerdings auch die Möglichkeit eine GmbH mit einem geringeren Stammkapital als T€ 25 zu gründen. Diese Gesellschaft hat im Firmennamen den Zusatz „Unternehmergesellschaft (haftungsbeschränkt)" oder „UG (haftungsbeschränkt)" zu führen (§ 5a Abs. 1 GmbHG). Bei einer solchen Gesellschaft sind keine Sacheinlagen zulässig und die Geldeinlagen müssen zum Zeitpunkt der Anmeldung vollständig eingezahlt sein (§ 5a Abs. 2 GmbHG). Folglich kann es bei der „UG (haftungsbeschränkt)" zu keinen ausstehenden Einlagen kommen. Gemäß § 5a Abs. 3 GmbHG ist bei einer Unternehmergesellschaft eine gesetzliche Rücklage zu bilden, in die jährlich ein Viertel des um einen Verlustvortrag aus dem Vorjahr gekürzten Jahresüberschusses einzustellen ist. Sobald durch Kapitalerhöhung der Betrag von T€ 25 erreicht wird, gelten die allgemeinen Regelungen für die GmbH (§ 5a Abs. 5 GmbHG).

Die gläubigerschützenden Vorschriften des deutschen Handelsrechts, des AktG sowie des GmbHG sind darauf ausgerichtet das Kapital der Gesellschaft aufrecht zu erhalten. Daher darf bis zur Auflösung der Gesellschaft das Grundkapital und ein damit zusammenhängendes Agio nicht zurückgezahlt werden (§ 57 AktG). § 30 GmbHG kodifiziert ein Rückzahlungsverbot auch für die Gesellschaftsanteile einer GmbH.

Im gezeichneten Kapital werden alle unterschiedlichen Gattungen von Anteilen gezeigt. Bei der AG sind die verschiedenen Aktiengattungen mit ihrem jeweiligen Betrag am Grundkapital gesondert auszuweisen (§ 152 Abs. 1 S. 2 AktG). Als Weiteres sind das bedingte Kapital aus einer Kapitalerhöhung mit dem Nennbetrag (§ 152 Abs. 1 S. 3 AktG), sowie die Stimmrechte aus den Mehrstimmrechtsaktien und den anderen Aktien im Grundkapital einer AG zu vermerken (§ 152 Abs. 1 S. 4 AktG).

11.2.2 Ausstehende Einlagen auf das gezeichnete Kapital

Wie aus dem vorangegangenen Kapitel hervorgeht muss bei der Gründung von AG/KGaA oder GmbH nicht bereits das gesamte gezeichnete Kapital eingezahlt sein. Die Bilanzierung dieser ausstehenden Einlagen auf das gezeichnete Kapital ist davon abhängig, ob diese bereits eingefordert wurden oder nicht. Die ausstehenden Einlagen werden durch die Einforderung des Vorstands (§ 63 Abs. 1 S. 1 AktG) oder der Gesellschafter fällig. Erst ab diesem Zeitpunkt besteht eine Forderung im Rechtssinne, welche grundsätzlich zu verzinsen ist. **Eingeforderte ausstehende Einlagen** haben somit den Charakter einer Forderung und sind als solche auf der Aktivseite gesondert auszuweisen (§ 272 Abs. 1 S. 2 HGB).

Beispiel: Das gezeichnete Kapital einer AG betrage 100.000 €, davon seien 10.000 € nicht eingezahlt, aber bereits eingefordert.

Aktiva	Bilanz, in TEUR		Passiva
A. Anlagevermögen	150	A. Eigenkapital	
B. Umlaufvermögen		**I. Gezeichnetes Kapital**	**100**
I. Vorräte	50	II. Kapitalrücklage	30
II. Forderungen		III. Gewinnrücklagen	30
1. Forderungen aus LuL	50	B. Fremdkapital	100
2. Eingeforderte, nicht eingezahlte Einlagen	**10**		
	260		260

Abbildung 21: Ausweis eingeforderter ausstehender Einlagen auf das gezeichnete Kapital

Nicht eingeforderte ausstehende Einlagen sind gem. § 272 Abs. 1 S. 2 HGB offen vom gezeichneten Kapital abzusetzen, sodass in der Hauptspalte der Bilanz lediglich das eingeforderte Kapital ausgewiesen wird. Wirtschaftlich betrachtet findet durch die offene Absetzung der ausstehenden Einlagen vom gezeichneten Kapital eine Berichtigung des Eigenkapitals statt, da der

externe Bilanzleser durch die Absetzung das tatsächlich eingezahlte Eigenkapital identifizieren kann.

Beispiel: Es gelten die gleichen Annahmen wie für das vorherige Beispiel, mit der Ausnahme, dass die noch nicht eingezahlten Einlagen
i. H. v. 10.000 € noch nicht eingefordert seien.

Aktiva		Bilanz, in TEUR		Passiva
A. Anlagevermögen	150	A. Eigenkapital		
B. Umlaufvermögen		I. Eingeford. Kapital		
I. Vorräte	50	Gezeichnetes Kapital	100	
II. Forderungen	50	**Nicht eingeforderte**		
		ausstehende Einla-		
		gen	**-10**	**90**
		II. Kapitalrücklage		30
		III. Gewinnrücklagen		30
		B. Fremdkapital		100
	250			250

**Abbildung 22: Ausweis nicht eingeforderter ausstehender Einlagen auf
das gezeichnete Kapital**

11.2.3   Erwerb und Veräußerung eigener Anteile

Die gesetzlichen Grundlagen für den Erwerb und die Veräußerung eigener
Anteile sind in § 272 Abs. 1a und 1b HGB enthalten und gelten daher für
alle Kapitalgesellschaften und denen gleichgestellte haftungsbeschränkte
Personengesellschaften i. S. d. § 264a HGB. Werden eigene Anteile erworben, wird kein Vermögensgegenstand auf der Aktivseite angesetzt. Gemäß
§ 272 Abs. 1a S. 1 HGB wird der Nennbetrag oder der rechnerische Wert
der Anteile offen vom gezeichneten Kapital abgesetzt, sodass in der Hauptspalte der Bilanz das tatsächlich ausgegeben Kapital ausgewiesen wird.
Durch den Rückerwerb eigener Anteile verringert sich das gezeichnete
Kapital der Gesellschaft. Es findet im Prinzip eine Einlagenrückgewähr statt,
welche unvereinbar mit den gläubigerschützenden Regelungen des HGB,
AktG und GmbHG ist (§ 57 Abs. 1 S. 1 AktG, § 30 GmbHG). Demzufolge ist

ein Rückerwerb eigener Anteile grundsätzlich verboten und § 71 AktG definiert lediglich die zulässigen Ausnahmen von diesem Verbot (§ 71 AktG i. V. m. § 57 Abs. 1 S. 2 AktG). So ist ein Rückerwerb bspw. zulässig, um existenziellen Schaden von der Gesellschaft abzuwenden oder um die Aktien den Arbeitnehmern der Gesellschaft zum Erwerb anzubieten (§ 71 Abs. 1 Nr. 1 und 2 AktG). Im GmbHG schränkt § 33 GmbHG den willkürlichen Erwerb eigener Geschäftsanteile ein und trägt somit dem Gläubigerschutz Rechnung. Die Differenz aus dem abzusetzenden Betrag und dem Kaufpreis ist mit den freiverfügbaren Rücklagen zu verrechnen (§ 272 Abs. 1a S. 2 HGB). Ist der Kaufpreis bspw. höher als der Nennbetrag oder der rechnerische Wert, so ist der Unterschiedsbetrag von den frei verfügbaren Rücklagen abzuziehen und umgekehrt.

Beispiel: Das gezeichnete Kapital einer Kapitalgesellschaft soll 100.000 € betragen. Die Kapitalrücklage und die Gewinnrücklagen sollen jeweils 50.000 € betragen. Die Gesellschaft erwirbt 10 Aktien mit einem Nennwert von 1.000 € zu einem Preis von 2.000 €. Der Nennbetrag der erworbenen Aktien verringert das gezeichnete Kapital. Der Differenzbetrag zwischen dem Nennbetrag und dem Kaufpreis der eigenen Anteile soll in diesem Fall von der freiverfügbaren Kapitalrücklage i. S. d. § 272 Abs. 2 Nr. 4 HGB abgezogen werden (Alternativ wäre auch eine Verrechnung mit den freiverfügbaren Gewinnrücklagen möglich).

Aktiva		Bilanz, in TEUR		Passiva
A. Anlagevermögen	150	A. Eigenkapital		
B. Umlaufvermögen	150	I. Ausgegeb. Kapital		
		Gezeichnetes Kapital	100	
		Nennbetrag eigener		
		Anteile	**-10**	**90**
		II. Kapitalrücklage		40
		III. Gewinnrücklagen		50
		B. Fremdkapital		120
	300			300

Abbildung 23: Bilanzierung des Erwerbs eigener Anteile gem. § 272 Abs. 1a HGB

Bei der Veräußerung erworbener eigener Anteile sind zunächst die Schritte, die beim Erwerb vollzogen wurden, rückgängig zu machen. Der vom gezeichneten Kapital offen abgesetzte Betrag ist um den Nennbetrag oder rechnerischen Wert der veräußerten Anteile zu kürzen (§ 272 Abs. 1b S. 1 HGB). Ein Differenzbetrag zwischen dem Nennbetrag bzw. dem rechnerischen Wert der Anteile und dem Veräußerungserlös ist bis zur Höhe des mit den frei verfügbaren Rücklagen verrechneten Kaufpreises in die jeweiligen Rücklagen einzustellen. Ein darüber hinaus gehender Unterschiedsbetrag ist als Agio i. S. d. § 272 Abs. 2 Nr. 1 HGB in die Kapitalrücklage einzustellen (§ 272 Abs. 1b S. 2 und 3 HGB). Das Gesetz beschreibt nicht den Fall eines etwaigen Mindererlöses. In diesem Fall wird eine Verrechnung des Differenzbetrags mit den freien Rücklagen vorgeschlagen.

> **Beispiel:** Es gelten dieselben Gegebenheiten wie im vorangegangenen Beispiel. Die 10 eigenen Anteile sollen nun für 2.500 € weiterveräußert werden.

Aktiva		Bilanz, in TEUR	Passiva
A. Anlagevermögen	150	A. Eigenkapital	
B. Umlaufvermögen	175	I. Gezeichnetes Kapital	**100**
		II. Kapitalrücklage	**55**
		III. Gewinnrücklagen	50
		B. Fremdkapital	120
	325		325

Abbildung 24: Bilanzierung der Veräußerung eigener Anteile gem. § 272 Abs. 1b HGB

11.2.4 Veränderungen des gezeichneten Kapitals

11.2.4.1 Kapitalerhöhung

Durch die im AktG und GmbHG kodifizierten Möglichkeiten der Kapitalerhöhung sowie Kapitalherabsetzung besteht die Möglichkeit, dass in der Satzung bzw. im Gesellschaftsvertrag festgesetzte gezeichnete Kapital zu verändern und an die aktuellen Gegebenheiten der Gesellschaft anzupassen. Da die Durchführung einer Kapitalerhöhung eine Änderung der Satzung bzw. des Gesellschaftsvertrags nach sich zieht, ist stets ein Beschluss der Haupt- bzw. der Gesellschafterversammlung mit mindestens einer ¾-Mehrheit des anwesenden Grundkapitals bzw. der abgegebenen Stimmen notwendig (§§ 182 Abs. 1, 193 Abs. 1, 202 Abs. 2 AktG und § 53 Abs. 1 und 2 GmbHG).

Es bestehen folgende Möglichkeiten der Kapitalerhöhung:

- Kapitalerhöhung gegen Einlagen,
- Bedingte Kapitalerhöhung,
- Genehmigtes Kapital sowie
- Kapitalerhöhung aus Gesellschaftsmitteln.

11.2.4.1.1 Kapitalerhöhung gegen Einlagen

Die Kapitalerhöhung gegen Einlagen ist für die AG in den §§ 182 bis 191 AktG und für die GmbH in den §§ 55 bis 57b GmbHG geregelt. Bei einer AG kann eine Kapitalerhöhung nur durchgeführt werden, wenn keine ausstehenden Einlagen auf das gezeichnete Kapital in einem wesentlichen Umfang vorliegen (§ 182 Abs. 4 S. 1 und 3 AktG). Als Weiteres sind ausstehende Einlagen nicht schädlich für eine Kapitalerhöhung, wenn es sich um ein Versicherungsunternehmen handelt, dessen Satzung eine Kapitalerhöhung bei ausstehenden Einlagen zulässt (§ 182 Abs. 4 S. 2 AktG). Im GmbHG fehlt eine dementsprechende Regelung. Ausstehende Einlagen auf das gezeichnete Kapital sind daher nicht hinderlich für die Durchführung einer Kapitalerhöhung, wenn sie noch erlangt werden können.

Gemäß § 182 Abs. 1 S. 4 AktG kann eine Kapitalerhöhung bei Nennbetragsaktien nur durch die Ausgabe neuer Aktien erfolgen. Bei einer Kapitalerhöhung einer AG die Stückaktien ausgegeben hat, hat eine Erhöhung der Aktienanzahl im gleichen Verhältnis wie die Erhöhung des Stammkapitals zu erfolgen (§ 182 Abs. 1 S. 5 AktG). Eine überproportionale Erhöhung der Aktienanzahl würde einerseits zu einer überproportionalen Minderung der Beteiligungsquote zum Nachteil der Altaktionäre und andererseits zu einer Verringerung des Werts der einzelnen Aktie führen. Somit dient die Vorschrift dem Schutz der Altaktionäre.

Gemäß § 9 Abs. 1 AktG dürfen neue Aktien nicht unter ihrem Nennbetrag oder ihrem rechnerischen Wert ausgegeben werden, da anderenfalls zu wenig gezeichnetes Kapital und somit eine zu geringe Haftungssumme aufgebracht würde. Somit wird durch diese Vorschrift dem Gläubigerschutz

Rechnung getragen. Hingegen sind Emissionen über dem Nennwert oder dem rechnerischen Wert zulässig (§ 9 Abs. 2 AktG). Der Betrag, der den geringsten Ausgabebetrag überschreitet, wird dann gem. § 272 Abs. 2 Nr. 1 HGB als Agio in die Kapitalrücklage eingestellt.

Bei einer Sacheinlage hat grundsätzlich eine Prüfung der Einlage zu erfolgen (§ 183 Abs. 3 AktG). Diese orientiert sich an den Vorschriften der §§ 33 ff. AktG die eigentlich für die Gründungsprüfung gelten. Die Prüfung hat sich darauf zu richten, ob der Wert nicht in unzulässiger Weise hinter dem geringsten Ausgabebetrag der Aktie i. S. d. § 9 Abs. 1 AktG zurückbleibt. Gemäß § 184 Abs. 3 S. 1 AktG hat das Registergericht die Eintragung der Kapitalerhöhung gegen Einlagen abzulehnen, wenn der Wert der Sacheinlage in nicht unerheblicher Weise hinter dem geringsten Ausgabebetrag der auszugebenden Aktien zurückbleibt. § 9 Abs. 1 AktG sichert somit eine Kapitalaufbringung die mindestens dem geringsten Ausgabebetrag entspricht und trägt somit zur Aufrechterhaltung des Gläubigerschutzes bei.

Wie bei der AG kann auch bei der GmbH, neben einer Kapitalerhöhung gegen Bareinlagen, eine Erhöhung gegen Sacheinlagen erfolgen (§ 56 GmbHG). Der Wert der Sacheinlagen muss dabei mindestens dem Nennbetrag der dafür zu gewährenden Gesellschaftsanteile entsprechen. Anderenfalls ist der Differenzbetrag durch eine Bareinlage zu leisten (§ 56 Abs. 2 i. V. m. § 9 Abs. 1 S. 1 GmbHG). Diese Regelung bewirkt analog zu § 9 Abs. 1 AktG die reale Kapitalaufbringung und dient auf diese Weise dem Gläubigerschutz.

Gemäß § 57a i. V. m. § 9c Abs. 1 GmbHG hat das zuständige Registergericht die Eintragung der Kapitalerhöhung abzulehnen, wenn eine Sacheinlage wesentlich überbewertet ist. Hierfür hat das Registergericht die Bewertung der Sacheinlage zu prüfen. Diese Regelungen dienen – ähnlich wie im AktG – der realen Kapitalaufbringung und somit dem Gläubigerschutz.

Wirksam wird die Kapitalerhöhung gegen Einlagen sowohl bei der AG als auch bei der GmbH erst zum Zeitpunkt der Eintragung der Durchführung der Kapitalerhöhung im Handelsregister (§ 189 AktG, §§ 54 Abs. 3, 57 GmbHG). Erst zu diesem Zeitpunkt ist ein erhöter Ausweis des gezeichneten Kapitals zulässig.

11.2.4.1.2 Bedingte Kapitalerhöhung

Die bedingte Kapitalerhöhung ist für die AG/KGaA in den §§ 192 ff. AktG kodifiziert. Ein Blick ins GmbHG offenbart, dass analoge Vorschriften für die GmbH fehlen. Sie ist also nur bei der Rechtsform der AG/KGaA anwendbar. Bei der bedingten Kapitalerhöhung findet eine Erhöhung des Grundkapitals nur insoweit statt, wie von einem Umtausch- oder Bezugsrecht Gebrauch gemacht wird, welches die Gesellschaft auf die neuen Aktien einräumt. Somit wird die genaue Höhe nicht durch die Hauptversammlung beschlossen, sondern ist davon abhängig, ob und in welchem Umfang die Bezugsrechte ausgeübt werden. Aufgrund der engen Zweckbegrenzung der bedingten Kapitalerhöhung gem. § 192 Abs. 2 AktG, werden die Bezugsrechte zumeist Personengruppen gewährt, die nicht bereits zum Eigentümerkreis der Gesellschaft gehören. Bspw. ist eine Gewährung von Bezugsrechten an Arbeitnehmer zulässig. Diese sind i. d. R. nicht bereits Anteilseigner der Gesellschaft. Auf diese Weise führt die bedingte Kapitalerhöhung zur Schaffung neuer Anteilseigner. Andererseits führt diese Tatsache dazu, dass die Altaktionäre bei der Gewährung der Bezugsrechte für die neuen Aktien unberücksichtigt bleiben. Aus diesem Grund sind die Rechte der Altaktionäre in besonderer Weise zu schützen. So darf die bedingte Kapitalerhöhung nur in bestimmten Relationen (§ 192 Abs. 3 AktG) und lediglich für die in § 192 Abs. 2 AktG definierten Zwecke durchgeführt werden. Konkret erlaubt § 192 Abs. 2 AktG die Bereitstellung bedingten Kapitals für die folgenden drei Zwecke:

- Gewährung von Umtausch- oder Bezugsrechten an Gläubiger von Wandelschuldverschreibungen;
- Vorbereitung eines Unternehmenszusammenschlusses;
- Gewährung von Bezugsrechten an Arbeitnehmer oder Mitglieder der Geschäftsführung.

Die quantitativen Grenzen erlauben lediglich die Schaffung bedingten Kapitals in Höhe der Hälfte, im Falle des § 192 Abs. 2 Nr. 3 AktG nur in Höhe von 10 Prozent des zum Zeitpunkt der Beschlussfassung anwesenden Grundkapitals (§ 192 Abs. 3 AktG).

Die Durchführung der bedingten Kapitalerhöhung vollzieht sich in mehreren Stufen. Die Hauptversammlung hat zunächst den Beschluss über die bedingte Kapitalerhöhung gem. der §§ 192 bis 194 AktG zu fassen und dabei den Kreis der Bezugsberechtigten zu bestimmen (§ 193 Abs. 2 Nr. 2 AktG). Ab diesem Zeitpunkt ist das bedingte Kapital mit dem Nennbetrag, nach dem gezeichneten Kapital, zu vermerken (§ 152 Abs. 1 S. 3 AktG). Anschließend ist der Beschluss beim Handelsregister zur Eintragung anzumelden (§ 195 AktG). Die Bezugsrechte können nach der Eintragung des Beschlusses gewährt werden (§ 197 AktG). Im Folgenden können die Bezugsberechtigten durch eine schriftliche Erklärung von ihrem Ausübungsrecht Gebrauch machen (§ 198 Abs. 1 S. 1 AktG). Ist der Gegenwert der Bezugsaktien erbracht, können diese ausgegeben werden (§ 199 Abs. 1 AktG), wodurch sich gem. § 200 AktG das Grundkapital erhöht. Das ab dem Zeitpunkt der Beschlussfassung gesondert vermerkte bedingte Kapital gem. § 152 Abs. 1 S. 3 AktG ist insoweit zu senken, wie sich das Grundkapital erhöht.

11.2.4.1.3 Genehmigtes Kapital

Ein weiteres Instrument der Kapitalbeschaffung ist die Bildung genehmigten Kapitals. Sie ist für die AG/KGaA in den §§ 202 ff. AktG und für die GmbH in § 55a GmbHG kodifiziert. Hierbei wird der Vorstand bzw. die Geschäftsführung durch die Satzung oder den Gesellschaftsvertrag, oder von der Hauptversammlung bzw. der Gesellschafterversammlung für maximal fünf Jahre ermächtigt das Grundkapital bis zu einem bestimmten Höchstbetrag durch Ausgabe neuer Aktien bzw. Geschäftsanteile gegen Einlagen zu erhöhen (§ 202 Abs. 1 und 2 AktG und § 55a Abs. 1 und 2 GmbHG). Sobald diese Möglichkeit für den Vorstand bzw. die Geschäftsführung geschaffen wurde, kann eine Erhöhung des gezeichneten Kapitals innerhalb der nächsten 5 Jahre relativ flexibel durchgeführt werden, da grundsätzlich kein weiterer Hauptversammlungs- bzw. Gesellschafterbeschluss notwendig ist. Lediglich die von der Haupt- bzw. Gesellschafterversammlung gesetzten Grenzen, die Kapitalgrenze in § 202 Abs. 3 S. 1 AktG/§ 55a Abs. 1 S. 2 GmbHG und die Fünfjahresfrist (§ 202 Abs. 1 AktG/§ 55a Abs. 1 S. 1 GmbHG) hat der Vorstand/die Geschäftsführung dabei zu beachten.

Allein die Ermächtigung zur Erhöhung des gezeichneten Kapitals erhöht das gezeichnete Kapital der Gesellschaft grundsätzlich noch nicht, jedoch sind im Anhang bereits Angaben über das genehmigte Kapital zu machen (§ 160 Abs.1 Nr. 4 AktG). Gemäß § 203 Abs. 1 S. 1 i. V. m. § 189 AktG ist das gezeichnete Kapital erst mit der Eintragung der Durchführung der Kapitalerhöhung wirksam erhöht. Bei der GmbH ist das gezeichnete Kapital gem. § 57 Abs. 1 und § 54 Abs. 3 GmbHG ebenfalls erst mit der Eintragung der Durchführung wirksam erhöht.

11.2.4.1.4 Kapitalerhöhung aus Gesellschaftsmitteln

Bei der Kapitalerhöhung aus Gesellschaftsmitteln wird das gezeichnete Kapital nicht durch Einlagen von außen, sondern durch die Umwandlung von Kapital- und Gewinnrücklagen in gezeichnetes Kapital, erhöht. Hierbei gibt die Gesellschaft neue Aktien bzw. Geschäftsanteile aus und Kapital- und Gewinnrücklagen oder Beträge aus bereits beschlossenen Zuführungen zu diesen Rücklagen werden in gezeichnetes Kapital umgewandelt (§ 208 Abs. 1 S. 1 AktG und § 57c Abs. 4 i. V. m. § 57d Abs. 1 GmbHG). Es kommt hier also lediglich zu einer Umschichtung innerhalb des Eigenkapitals. Den Gesellschaftern stehen die neuen Aktien bzw. Geschäftsanteile im Verhältnis ihrer bisherigen Beteiligung zu (§ 212 S. 1 AktG und § 57j S. 1 GmbHG). Aufgrund der daraus resultierenden höheren Aktienanzahl verliert die einzelne Aktie bzw. der einzelne Geschäftsanteil an Wert.

Grundlage für die Kapitalerhöhung aus Gesellschaftsmitteln ist der geprüfte, festgestellte und mit einem uneingeschränkten Bestätigungsvermerk versehenen Vorjahresabschluss (§ 207 Abs. 3 i. V. m. § 209 Abs. 1 AktG sowie § 57c Abs. 3 i. V. m. § 57e Abs. 1 GmbHG). Voraussetzung dafür ist allerdings, dass der Stichtag der zugrunde gelegten Bilanz nicht mehr als acht Monate vor der Anmeldung des Beschlusses zur Eintragung liegt (§ 209 Abs. 1 AktG sowie § 57e Abs. 1 GmbHG). Umwandlungsfähig sind Kapital- und Gewinnrücklagen grundsätzlich nur dann, wenn sie im zugrunde gelegten Jahresabschluss als solche ausgewiesen wurden oder wenn der Gewinnverwendungsbeschluss die Zuführung zu diesen beinhaltet. (§ 208 Abs. 1 S. 1 AktG und § 57d Abs. 1 GmbHG). Enthält die der Umwandlung zugrunde gelegte Bilanz einen Verlust einschließlich eines Verlustvortrags, so ist eine Umwandlung der Gewinn- und Kapitalrücklagen sowie der Beträge die diesen zugeführt werden sollen nicht möglich (§ 208 Abs. 2 S. 1 AktG und § 57c Abs. 4 i. V. m. § 57d Abs. 2 GmbHG). Darüber hinaus können bei der AG andere Gewinnrücklagen unbeschränkt, die Kapitalrücklage sowie die gesetzliche Rücklage nur soweit wie sie den zehnten oder einen höheren in der Satzung festgelegten Teil des Grundkapitals überschreiten, dem gezeichneten Kapital zugeführt werden (§ 208 Abs. 1 S. 2 AktG). Gewinnrücklagen und Zuführungen zu diesen, bei der GmbH andere Gewinnrücklagen, die für einen bestimmten Zweck gebildet wurden, dürfen gem. § 208 Abs. 2 S. 2 AktG und § 57d Abs. 3 GmbHG nur umgewandelt werden, wenn die Umwandlung nicht dem in der Satzung bestimmten Zweck entgegensteht.

Bei der AG, KGaA sowie der GmbH wird die Kapitalerhöhung mit der Eintragung des Beschlusses im Handelsregister wirksam (§ 211 Abs. 1 AktG und § 57c Abs. 4 i. V. m. § 54 Abs. 3 GmbHG) und ist ab diesem Zeitpunkt in der Bilanz als gezeichnetes Kapital auszuweisen.

11.2.4.2 Kapitalherabsetzung

Wird das gezeichnete Kapital verringert, so spricht man von einer Kapitalherabsetzung. Zweck dieser Maßnahme ist zumeist der Ausgleich von Verlusten, die Erhöhung der Kapitalrücklage sowie die Kapitalrückzahlung an die Aktionäre. Da es sich bei dieser Maßnahme um eine Satzungsänderung handelt, ist der Beschluss über eine Kapitalherabsetzung mindestens mit einer ¾-Mehrheit des auf der Hauptversammlung anwesenden Grundkapitals (§ 222 Abs. 1 S. 1 AktG) bzw. mit einer ¾-Mehrheit der bei der Gesellschafterversammlung anwesenden Stimmen zu fassen (§ 53 Abs. 2 S. 1 GmbHG). Bei der AG und der KGaA existieren drei Arten der Kapitalherabsetzung, und zwar:

- die ordentliche Kapitalherabsetzung,
- die vereinfachte Kapitalherabsetzung und
- die Kapitalherabsetzung durch Einziehung von Aktien.

11.2.4.2.1 Ordentliche Kapitalherabsetzung

Die ordentliche Kapitalherabsetzung ist per Gesetz nicht auf bestimmte Zwecke begrenzt. In dem Beschluss über die ordentliche Kapitalherabsetzung muss jedoch der Zweck der Kapitalherabsetzung festgeschrieben werden. Somit ist der Vorstand in seiner Entscheidung über die Verwendung des Ertrags aus der Kapitalherabsetzung gebunden. Auf diese Weise wird eine willkürliche Verwendung des Ertrags aus der Kapitalherabsetzung ausgeschlossen, wodurch dem Gläubigerschutz bereits in gewisser Weise Rechnung getragen wird. Fraglich ist jedoch, ob diese Vorschrift aus Gläubigersicht ausreichend ist. Da bei einer Kapitalherabsetzung zum Zwecke einer Kapitalrückzahlung an die Aktionäre flüssige Mittel das Unternehmen verlassen, bedarf es über die grade erwähnten gläubigerschützenden Vorschriften hinaus weitere Vorschriften zum Erhalt des Gläubigerschutzes. So ist gem. § 225 Abs. 1 S. 1 AktG allen Gläubigern, deren Forderungen vor der Bekanntmachung des Beschlusses über die Kapitalherabsetzung rechtlich entstanden sind, Sicherheit zu leisten, wenn sie dies innerhalb von sechs Monaten nach der Bekanntmachung verlangen. Zahlungen an Aktionäre dürfen erst nach dieser Frist und nachdem den Gläubigern, die sich innerhalb der Frist gemeldet haben, Befriedigung oder Sicherheit gewährt worden ist, vorgenommen werden (§ 225 Abs. 2 S. 1 AktG).

Die ordentliche Kapitalherabsetzung erfolgt bei Gesellschaften mit Nennbetragsaktien durch die Herabsetzung des Nennbetrags (§ 222 Abs. 4 S. 1 AktG). Wenn durch die Herabsetzung des Nennbetrags der Mindestnennbetrag der Aktien von einem Euro unterschritten wird (§ 8 Abs. 2 S. 1 und Abs. 3 S. 3 AktG), erfolgt die Kapitalherabsetzung durch die Zusammenlegung von Aktien (§ 222 Abs. 4 S. 2 AktG). Aus der Formulierung in § 222 Abs. 4 AktG geht hervor, dass stets zunächst eine Kapitalherabsetzung durch Herabsetzung des Nennbetrags zu erfolgen hat. Dies liegt an der Tatsache, dass hier Stimmrechte und Gewinnansprüche für alle Gesellschafter im gleichen Verhältnis sinken. Bei einer Kapitalherabsetzung durch Zusammenlegung hingegen kann es zur Vernichtung einzelner Aktien kommen. Eine Unterschreitung des Mindestnennbetrags des Grundkapitals von TEUR 50 ist nur möglich, wenn gleichzeitig mit der Kapitalherabsetzung eine Kapitalerhöhung beschlossen wird (§ 228 Abs. 1 AktG).

Das Grundkapital ist wirksam heruntergesetzt mit dem Zeitpunkt der Eintragung des Beschlusses über die Kapitalherabsetzung (§ 224 AktG). Von da an ist das verringerte Grundkapital in der Bilanz und in der GuV auszuweisen. Die Auszahlungsverpflichtungen sind ab diesem Zeitpunkt bis zur Auszahlung als Verbindlichkeit zu passivieren, da die Gläubiger des Rückzahlungsbetrags im Fall der Insolvenz normale Insolvenzgläubiger sind. In der GuV ist der Ertrag aus der Kapitalherabsetzung als Posten „Ertrag aus der Kapitalherabsetzung" gesondert auszuweisen (§ 240 S. 1 AktG) und im Anhang aufzuführen (§ 240 S. 3 AktG).

Bei der GmbH ist die Kapitalherabsetzung in den §§ 58 ff. GmbHG kodifiziert. Aufgrund der Verringerung des gezeichneten Kapitals und einer damit einhergehenden Verringerung der Haftungsmasse, bedarf es − wie im AktG − besonderer gläubigerschützender Vorschriften. Demzufolge müssen die Gläubiger über den Kapitalherabsetzungsbeschluss informiert werden und gleichzeitig aufgefordert werden sich bei der Gesellschaft zu melden (§ 58 Abs. 1 Nr. 1 GmbHG). Gläubiger die sich gemeldet haben und mit der Kapitalherabsetzung nicht einverstanden sind, sind zu befriedigen oder sicher zu stellen (§ 58 Abs. 1 Nr. 2 GmbHG). Zwischen der Aufforderung an die Gläubiger und der Anmeldung zur Eintragung ins Handelsregister muss ein Jahr liegen (§ 58 Abs. 1 Nr. 3 GmbHG).

Die ordentliche Kapitalherabsetzung kann durch die „Herabsetzung des Nennbetrags, die Zusammenlegung von Geschäftsanteilen und durch die Einziehung von Anteilen" erfolgen. Dabei darf das Stammkapital gem. § 58 Abs. 2 S. 1 GmbHG allerdings nicht unter die Grenze von TEUR 25 gesenkt werden. Die Kapitalerhöhung wird erst mit der Eintragung ins Handelsregister wirksam (§ 54 Abs. 3 GmbHG).

11.2.4.2.2 Vereinfachte Kapitalherabsetzung

Eine vereinfachte Kapitalherabsetzung kann bei der AG, KGaA sowie der GmbH vorgenommen werden, wenn damit Wertminderungen ausgeglichen, Verluste gedeckt oder Beträge in die Kapitalrücklage eingestellt werden sollen (§ 229 Abs. 1 S. 1 AktG, § 58a Abs. 1 GmbHG). Bei der vereinfachten Kapitalherabsetzung entfallen die besonderen Vorschriften zum Gläubigerschutz, wie die §§ 225 AktG und 58 GmbHG. Mit diesem vereinfachten Gläubigerschutz und aufgrund der engen Zweckbegrenzung ist die vereinfachte Kapitalherabsetzung insbesondere in Fällen der Sanierung geeignet. Ein rudimentärer Gläubigerschutz liegt jedoch auch bei der vereinfachten Kapitalherabsetzung vor, da durch die §§ 230 und 233 AktG bzw. §§ 58a, 58b und 58d GmbHG Ausschüttungen an die Anteilseigner sowie Einstellungen in die Kapitalrücklagen beschränkt werden.

Oft wird eine vereinfachte Kapitalherabsetzung zusammen mit einer Kapitalerhöhung gegen Einlagen beschlossen (§ 229 Abs. 3 i. V. m. § 228 AktG). Fraglich ist jedoch, warum Kapitalherabsetzung und Kapitalerhöhung miteinander verknüpft werden. Hierfür ist sicherlich ausschlaggebend, dass für eine Sanierung letztendlich die Zuführung neuen Kapitals unerlässlich ist. Da jedoch ein potentieller Investor keine Einlagen in eine Gesellschaft leisten würde, in der seine Einlagen zunächst zum Ausgleich der Verluste herangezogen werden, ist zunächst die Durchführung einer vereinfachten Kapitalherabsetzung notwendig. Die dabei entstehenden Erträge können zum Ausgleich des Verlusts herangezogen werden und es entsteht eine Situation, in der ein potentieller Investor wieder bereit ist neue Einlagen in eine Gesellschaft zu leisten. Die Kapitalherabsetzung und eine gleichzeitig beschlossene Kapitalerhöhung können auch rückwirkend bereits im vorangegangenen Jahresabschluss ausgewiesen werden (§§ 234 und 235 AktG und §§ 58e und 58f GmbHG). Durch diese Vorschriften soll im Sanierungsfall bereits in der Vorjahresbilanz genügend Eigenkapital ausgewiesen werden, um die Annahme des „going-concern-Prinzips" zu untermauern.

Eine vereinfachte Kapitalherabsetzung ist nur zulässig, wenn zuvor der Teil der gesetzlichen Rücklage sowie der Kapitalrücklage, 10 Prozent des herabgesetzten Grundkapitals überschreitet, sowie evtl. bestehende Gewinnrücklagen aufgelöst sind (§ 229 Abs. 2 S. 1 AktG bzw. § 58a Abs. 2 S. 1 GmbHG) und kein Gewinnvortrag mehr vorhanden ist (§ 229 Abs. 2 S. 2 AktG bzw. § 58a Abs. 2 S. 2 GmbHG).

Für das Wirksamwerden der vereinfachten Kapitalherabsetzung gelten dieselben Vorschriften wie für die ordentliche Kapitalherabsetzung. Dies machen § 229 Abs. 3 AktG und § 58a Abs. 5 GmbHG deutlich. Darüber hinaus ist bei der AG der Zweck der Kapitalherabsetzung in dem Beschluss festzusetzen (§ 229 Abs. 1 S. 2 AktG).

11.2.4.2.3 Kapitalherabsetzung durch Einziehung von Aktien

Die dritte Möglichkeit zur Herabsetzung des Grundkapitals ist die Einziehung von Aktien. Diese Form der Kapitalherabsetzung ist nicht für die GmbH sondern lediglich für die AG sowie die KGaA kodifiziert. Das Gesetz unterscheidet bei der Kapitalherabsetzung durch Einziehung zwischen der regulären (§ 237 Abs. 1 und 2 AktG) und der vereinfachten Kapitalherabsetzung durch Einziehung (§ 237 Abs. 3 bis 5 AktG). Gemäß § 237 Abs. 3 AktG kann das vereinfachte Einziehungsverfahren angewandt werden, wenn die Aktien der Gesellschaft unentgeltlich zur Verfügung gestellt werden (Nr. 1), oder zu Lasten des Bilanzgewinns oder einer anderen Gewinnrücklage eingezogen werden (Nr. 2), oder wenn Stückaktien eingezogen werden und sich der Anteil der verbleibenden Aktien am Grundkapital gem. § 8 Abs. 3 AktG erhöht (Nr. 3). Bei der vereinfachten Kapitalherabsetzung müssen nicht die Vorschriften über die ordentliche Kapitalherabsetzung befolgt werden (§ 237 Abs. 3 AktG).

§ 237 Abs. 1 AktG enthält grundsätzliche Regelungen zur Einziehung von Aktien. Bei der Kapitalherabsetzung durch Einziehung wird zwischen der zwangsweisen Einziehung und der Einziehung nach Erwerb durch die Aktiengesellschaft unterschieden. Gemäß § 237 Abs. 1 und 2 AktG können Aktien nur zwangsweise eingezogen werden, wenn es eine entsprechende Satzungsbestimmung gibt. Durch den Begriff „zwangsweise" wird impliziert, dass es sich in diesem Fall nicht um eigene Aktien handelt. Diese können ohne eine entsprechende Satzungsbestimmung eingezogen werden (§ 237 Abs. 1 AktG).

Da durch die Einziehung von Aktien die Rechte von Aktionären und Gläubigern beschnitten werden, sind diese beiden Gruppen bei einer Kapitalherabsetzung durch Einziehung von Aktien in besonderer Weise zu schützen. Die Aktionäre werden daher durch § 237 Abs. 1 S. 2 AktG geschützt, wonach eine Zwangseinziehung der Aktien nur möglich ist, wenn dies zuvor in der Satzung erlaubt wurde. Den Gläubigern wird durch die Anwendung der Vorschriften über die ordentliche Kapitalerhöhung, insbesondere durch die Anwendung von § 225 AktG, Schutz gewährt (§ 237 Abs. 2 S. 1 AktG). Bei der vereinfachten Einziehung von Aktien in den Fällen des § 237 Abs. 3 Nr. 1 und 2 AktG ist ein Betrag in die Kapitalrücklage einzustellen, der dem auf die eingezogenen Aktien entfallenden Betrag des Grundkapitals entspricht (§ 237 Abs. 5 AktG). Dadurch wird dem Gläubigerschutz auch bei der vereinfachten Einziehung von Aktien Rechnung getragen, da durch die Pflicht zur Einstellung in die Kapitalrücklage der Verringerung des gezeichneten Kapitals durch die Einziehung von Aktien entgegengewirkt wird.

Grundsätzlich ist die Kapitalherabsetzung durch Einziehung – anders als bspw. die vereinfachte Kapitalherabsetzung – nicht auf bestimmte Zwecke begrenzt. Im Beschluss über die Kapitalherabsetzung ist der jeweilige Zweck der Einziehung anzugeben (§ 237 Abs. 2 S. 1 i. V. m. § 222 Abs. 3 AktG). Die Kapitalherabsetzung gegen Einziehung führt zur Vernichtung von Mitgliedschaftsrechten und wird oftmals genutzt um aktiv die Aktionärsstruktur der Gesellschaft zu beeinflussen.

Die reguläre als auch die vereinfachte Kapitalherabsetzung durch Einziehung von Aktien wird mit dem Zeitpunkt der Eintragung des Beschlusses oder, wenn die Einziehung erst danach vollzogen wird, erst zum Zeitpunkt der Einziehung wirksam (§ 238 S. 1 AktG). Der Wortlaut des § 238 S. 1 AktG impliziert, dass die Kapitalherabsetzung durch Einziehung von Aktien erst wirksam wird, wenn beide Voraussetzungen erfüllt sind. Entscheidet im Falle der angeordneten Zwangseinziehung (§ 237 Abs. 6 AktG) der Vorstand über die Einziehung, so ist das Grundkapital mit dem Zeitpunkt der Einziehung herabgesetzt (§ 238 S. 2 AktG). In diesem Fall impliziert der Gesetzeswortlaut, dass es für die Wirksamkeit nicht auf die Eintragung ankommt.

11.3 Rücklagen

11.3.1 Die Kapitalrücklage

Im Gegensatz zum gezeichneten Kapital, welches in der Satzung bzw. im Gesellschaftsvertrag festgeschrieben ist, sind Rücklagen variabler. Die Veränderung der Rücklagen zieht – anders als beim gezeichneten Kapital – keine Satzungsänderung nach sich. Rücklagen können entweder aus der Außenfinanzierung, wie z. B. bei der Zahlung eines Agios bei der Ausgabe von Anteilen (Kapitalrücklage), oder aus der Innenfinanzierung, durch die Thesaurierung von Gewinnen (Gewinnrücklage), stammen. Die gebildeten Rücklagen können zum Ausgleich von Verlusten herangezogen werden. Sie stehen bis zu ihrer Auflösung, die zum Teil nur unter bestimmten Bedingungen möglich ist, nicht für Ausschüttungszwecke bereit.

In die Kapitalrücklage sind sämtliche Beträge einzustellen, die der Gesellschaft von außerhalb der Gesellschaft zufließen und den Nennbetrag des gezeichneten Kapitals übersteigen (§ 272 Abs. 2 HGB). Es handelt sich also demnach bei der Kapitalrücklage um Beträge, die aus der Außenfinanzierung stammen. Namentlich sind folgende vier Sachverhalte als Kapitalrücklage auszuweisen:

- Agio bei der Ausgabe von Anteilen (Nr. 1)
- Agio bei der Ausgabe von Schuldverschreibungen für Wandlungs- und Optionsrechte (Nr. 2)
- Zuzahlungen der Gesellschafter für Gewährung eines Vorzugs für ihre Anteile (Nr. 3)
- Andere Zuzahlungen der Gesellschafter in das Eigenkapital (Nr. 4)

Gemäß § 272 Abs. 1 S. 1 HGB ist das gezeichnete Kapital einer Gesellschaft grundsätzlich mit dem Nennbetrag auszuweisen. Werden bei der Ausgabe von neuen Aktien oder bei der Veräußerung eigener Anteile Beträge erzielt, die über dem Nennbetrag der Aktie liegen, so sind diese in die Kapitalrücklage einzustellen (§ 272 Abs. 2 Nr. 1 HGB). Können beispielsweise neue Aktien mit einem Nennbetrag von T€ 100 zu T€ 110 emittiert werden, sind T€ 100 als gezeichnetes Kapital und die, den Nennbetrag übersteigenden T€ 10 als Kapitalrücklage auszuweisen.

Aufgelder, die für Schuldverschreibungen gezahlt werden, welche später das Recht einräumen sie in Aktien umzutauschen oder zusätzlich Aktien zu erwerben, sind ebenfalls in die Kapitalrücklage einzustellen (§ 272 Abs. 2

Nr. 2 HGB). Hier ist zu beachten, dass das Agio nicht unbedingt in Form eines über dem Rückzahlungsbetrag liegenden Auszahlungsbetrags bestehen muss. Auch andere für den Erwerber ungünstige Vereinbarungen, wie eine zu geringe Verzinsung, sind als Aufgeld für die Schuldverschreibung zu werten.

Zuzahlungen, die für die Gewährung eines Vorteils, wie etwa die bevorzugte Behandlung bei der Gewinnverteilung gegenüber anderen Anteilseignern, gezahlt werden, sind ebenfalls in die Kapitalrücklage einzustellen (§ 272 Abs. 2 Nr. 3 HGB).

Gemäß § 272 Abs. 2 Nr. 4 HGB sind auch alle weiteren freiwilligen Zuzahlungen von Gesellschaftern in die Kapitalrücklage einzustellen. Solche Zuzahlungen, für die dem Gesellschafter kein weiterer Vorteil eingeräumt wird, sind denkbar, um bspw. die Eigenkapitalquote des Unternehmens zu verbessern.

Die soeben beschriebenen Arten von Kapitalrücklagen lassen sich bei der AG/KGaA hinsichtlich ihrer Auflösbarkeit in zwei Gruppen unterteilen. Die eine Gruppe, zu der die freiwilligen Zuzahlungen der Gesellschafter i. S. d. § 272 Abs. 2 Nr. 4 HGB zählen, unterliegen hinsichtlich ihrer Auflösbarkeit keinen Beschränkungen. Dahingegen können die Kapitalrücklagen nach § 272 Abs. 2 Nr. 1 bis 3 HGB und die gesetzliche Rücklage nur unter bestimmten Voraussetzungen aufgelöst werden (§ 150 Abs. 3 und 4 AktG).

Im Gegensatz dazu existiert im GmbHG eine Auflösungsbeschränkung lediglich bzgl. einer Kapitalrücklage, die aufgrund einer vereinfachten Kapitalherabsetzung (§§ 58b Abs. 3, 58c S. 2 und 58d Abs. 1 GmbHG) oder für eingeforderte Nachschüsse (§ 42 Abs. 2 S. 3 GmbHG) gebildet wurde.

Entnahmen aus der Kapitalrücklage werden, im Gegensatz zu Einstellungen in die Kapitalrücklage, in der GuV oder im Anhang als Ergebnisverwendung berücksichtigt (§ 158 Abs. 1 Nr. 2 AktG). Im GmbHG gibt es keine entsprechende Regelung. Gemäß § 275 Abs. 4 HGB können Entnahmen in der GuV nach dem Jahresergebnis oder im Anhang ausgewiesen werden.

11.3.2 Die Gewinnrücklagen

Wie oben erwähnt handelt es sich bei der Kapitalrücklage um Beträge, die aus der Außenfinanzierung stammen. Gewinnrücklagen hingegen werden durch die Thesaurierung von Gewinnen gebildet. Da die Gewinne i. d. R. aus der originären Geschäftstätigkeit des Unternehmens stammen, handelt es sich bei den Beträgen, die in die Gewinnrücklagen eingestellt werden, um Beträge aus der Innenfinanzierung. Grundsätzlich werden gem. § 272 Abs. 3 und 4 HGB vier Arten von Gewinnrücklagen unterschieden und ausgewiesen:

- die gesetzliche Rücklage,
- die Rücklage für Anteile an einem herrschendem oder mehrheitlich beteiligten Unternehmen,
- satzungsmäßige Rücklagen,
- andere Gewinnrücklagen.

11.3.2.1 Die gesetzliche Rücklage

In die gesetzliche Rücklage sind 5 Prozent des Jahresüberschusses (abzgl. eines Verlustvortrags) einzustellen, solange die gesetzliche Rücklage zusammen mit der Kapitalrücklage nach § 272 Abs. 2 Nr. 1 bis 3 HGB 10 Prozent (oder einen in der Satzung bestimmten höheren Teil) des Grundkapitals noch nicht überschritten hat (§ 150 Abs. 2 AktG).

Die Auflösung der gesetzlichen Rücklage ist, wie die Kapitalrücklage nach § 272 Abs. 2 Nr. 1 bis 3 HGB, nur unter den Voraussetzungen des § 150 Abs. 3 und 4 AktG möglich.

Im GmbHG gibt es eine ähnliche Regelung lediglich für die UG (haftungsbeschränkt). Diese muss bis zum Erreichen des Mindeststammkapitals ein Viertel des Jahresüberschusses in die gesetzliche Rücklage einstellen. Eine solche Rücklage kann lediglich zur Kapitalerhöhung aus Gesellschaftsmitteln (§ 57c GmbHG) und zur Begleichung eines Verlustvortrags bzw. eines Jahresfehlbetrags herangezogen werden (§ 5a Abs. 3 GmbHG).

11.3.2.2 Die Rücklage für Anteile von einem beherrschenden oder mit Mehrheit beteiligtem Unternehmen

Die Bilanzierung von Anteilen von einem beherrschenden oder mit Mehrheit beteiligten Unternehmen ist in § 272 Abs. 4 HGB kodifiziert. Demzufolge ist für Anteile von einem beherrschenden oder mit Mehrheit beteiligten Unternehmen eine Rücklage zu bilden. Die Rücklage ist mit einem Betrag anzusetzen, der den auf der Aktivseite ausgewiesenen Anteilen entspricht (§ 272 Abs. 4 S. 1 HGB). Im Gegensatz zum Erwerb eigener Anteile, ist also im Falle des § 272 Abs. 4 HGB ein Vermögensgegenstand zu aktivieren. Aufgrund des Beherrschungsverhältnisses ist der Erwerb von Anteilen eines beherrschenden oder mit Mehrheit beteiligten Unternehmens durch das Tochterunternehmen wie ein Erwerb eigener Anteile durch das Mutterunternehmen zu qualifizieren. Daher ist in diesem Fall eine Rücklage in Höhe des auf der Aktivseite angesetzten Betrags anzusetzen, um eine Ausschüttung bzw. eine unzulässige Kapitalrückzahlung (§ 57 AktG, § 30 GmbHG) zu vermeiden. Wie bereits erwähnt, wird durch die Bildung von Rücklagen die Ausschüttung der entsprechenden Beträge verhindert. Die zu bildende Rücklage kann aus freiverfügbaren Rücklagen gebildet werden. Sie ist zwingend aufzulösen, wenn die betroffenen Anteile veräußert werden, oder auf der Aktivseite ein niedrigerer Betrag angesetzt wird (§ 272 Abs. 4 S. 4 HGB).

11.3.2.3 Die satzungsmäßige Rücklage

Rücklagen können auch auf Grund von satzungsmäßigen bzw. gesellschaftsvertraglichen Vorschriften gebildet werden (§ 272 Abs. 3 S. 2 HGB). Handelt es sich hier um ein Wahlrecht, so sind diese satzungsmäßigen Rücklagen unter den anderen Gewinnrücklagen auszuweisen. Wenn die Satzung vorschreibt, dass der gesetzlichen Rücklage über den gesetzlichen Höchstbetrag von 10 Prozent des Grundkapitals hinaus noch weitere Beträge hinzugeführt werden müssen, dann sind diese unter den gesetzlichen Rücklagen auszuweisen. Auch die Auflösung dieser Rücklagen hat nach den Vorschriften der Satzung oder des Gesellschaftsvertrags zu erfolgen.

11.3.2.4 Die anderen Gewinnrücklagen

In die anderen Gewinnrücklagen sind Beträge einzustellen, die nicht bereits einem der vorher beschriebenen Posten zugeordnet werden können. Bei der AG bzw. der KGaA ist gem. § 58 AktG danach zu unterscheiden, ob der Jahresabschluss von der Hauptversammlung oder vom Vorstand gemeinsam mit dem Aufsichtsrat festgestellt wird. Nur im ersteren Fall kann die Satzung bestimmen, dass Beträge in die anderen Gewinnrücklagen einzustellen sind. Dabei ist die Einstellung auf maximal 50 Prozent des, nach Abzug des Verlustvortrags und Beträgen, die in die gesetzliche Rücklage einzustellen sind, verbleibenden, Jahresüberschusses begrenzt (§ 58 Abs. 1 AktG). Wird der Jahresabschluss hingegen vom Vorstand gemeinsam mit dem Aufsichtsrat festgestellt, dann dürfen maximal 50 Prozent des um Verlustvortrag und Beträge, die in die gesetzliche Rücklage einzustellen sind, korrigierten Jahresüberschusses in die anderen Gewinnrücklagen eingestellt werden, es sei denn es gibt eine Satzungsbestimmung, die einen anderen Anteil bestimmt. Vorstand und Aufsichtsrat dürfen jedoch aufgrund einer solchen Satzungsbestimmung keine Beträge in die anderen Gewinnrücklagen einstellen, wenn diese bereits größer sind als die Hälfte des Grundkapitals oder nach der Einstellung die Hälfte des Grundkapitals übersteigen (§ 58 Abs. 2 AktG). Bei der GmbH werden, wenn der Gesellschaftsvertrag nichts anderes bestimmt, die Zuführungen zu den Rücklagen von der Gesellschafterversammlung beschlossen. Die zugeführten Beträge werden erst in der Bilanz des Folgejahres ausgewiesen.

Unbeschadet der eben erwähnten Fälle kann der Vorstand mit dem Aufsichtsrat bzw. der Geschäftsführer der GmbH mit Zustimmung der Gesellschafter oder des Aufsichtsrats den Eigenkapitalanteil von Wertaufholungen bei Vermögensgegenständen des Anlage- oder Umlaufvermögens sowie den Eigenkapitalanteil von bei der steuerrechtlichen Gewinnermittlung gebildeten Passivposten in die anderen Rücklagen einstellen (§ 58 Abs. 2a AktG bzw. § 29 Abs. 4 GmbHG). Erfolgt bspw. eine Wertaufholung nach § 253 Abs. 5 S. 1 HGB, so kann der daraus resultierende Ertrag, verringert um den darauf entfallenden Steueranteil, von Vorstand und Aufsichtsrat in die anderen Gewinnrücklagen eingestellt werden.

11.4 Der Ausweis des Jahresergebnisses in der Bilanz

Das Jahresergebnis kann in der Bilanz entweder ohne Berücksichtigung der Ergebnisverwendung (§ 266 Abs. 3 HGB), oder mit teilweiser oder vollständiger Berücksichtigung der Ergebnisverwendung ausgewiesen werden (§ 268 Abs. 1 HGB). Mit dem Begriff „Ergebnisverwendung" sind Maßnahmen wie die Ausschüttung des Gewinns, die Auflösung von Kapitalrücklagen und die Einstellung in sowie die Auflösung von Gewinnrücklagen gemeint.

Beim Ausweis des Jahresergebnisses ohne Berücksichtigung der Ergebnisverwendung sind in der Bilanz die Posten gezeichnetes Kapital, Kapitalrücklage, Gewinnrücklage, Ergebnisvortrag und Jahresergebnis auszuweisen (§ 266 Abs. 3 HGB).

Aktiva		Bilanz, in TEUR	Passiva
A. Anlagevermögen	100	A. Eigenkapital	
B. Umlaufvermögen	100	I. Gezeichnetes Kapital	50
		II. Kapitalrücklage	10
		III. Gewinnrücklagen	20

		IV. Gewinn-/(Verlustvortrag)	10/(-10)
		V. Jahresüberschuss/(-fehlbetrag)	10/(-10)
		B. Fremdkapital	120
	200		200

Abbildung 25: Eigenkapitalausweis ohne Berücksichtigung der Ergebnisverwendung

Aufgrund gesetzlicher oder satzungsmäßiger Vorschriften kann es dazu kommen, dass Teile des Jahresergebnisses der Kapitalrücklage oder den Gewinnrücklagen zugeführt werden müssen. So sind bspw. zwingend 5 Prozent des Jahresüberschusses in die gesetzliche Rücklage einzustellen, wenn die gesetzliche Rücklage und die Kapitalrücklage i. S. d. § 272 Abs. 2 Nr. 1 bis 3 HGB nicht bereits 10 Prozent des Grundkapitals bzw. den in der Satzung bestimmten höheren Teil erreicht haben (§ 150 Abs. 2 AktG). Dies hat zur Folge, dass der Jahresabschluss unter Berücksichtigung der teilweisen Ergebnisverwendung aufzustellen ist. Im GmbHG fehlen analoge Regelungen, die eine bestimmte Verwendung des Jahresergebnisses vorschreiben. Allerdings können solche aufgrund gesellschaftsvertraglicher Vorschriften existieren. Wird der Jahresabschluss unter Berücksichtigung der teilweisen Ergebnisverwendung aufgestellt, so werden die Posten Ergebnisvortrag sowie Jahresergebnis durch den Posten Bilanzgewinn/-verlust ersetzt (§ 268 Abs. 1 S. 3 HGB).

Aktiva		Bilanz, in TEUR	Passiva
A. Anlagevermögen	100	A. Eigenkapital	
B. Umlaufvermögen	100	I. Gezeichnetes Kapital	50
		II. Kapitalrücklage	30
		III. Gewinnrücklagen	15
		IV. Bilanzgewinn-/(-verlust)	5/(-5)
		B. Fremdkapital	100
	200		200

Abbildung 26: Eigenkapitalausweis unter Berücksichtigung der teilweisen Ergebnisverwendung

Wird ein bestehender Jahresüberschuss vollständig den Rücklagen zugeführt oder aufgrund eines Gewinnabführungsvertrags an eine andere Gesellschaft abgeführt, oder wird ein bestehender Verlust durch die Auflösung von Rücklagen vollständig aufgelöst, so kann der Jahresabschluss unter Berücksichtigung der vollständigen Ergebnisverwendung aufgestellt werden.

Aktiva		Bilanz, in TEUR	Passiva
A. Anlagevermögen	100	A. Eigenkapital	
B. Umlaufvermögen	100	I. Gezeichnetes Kapital	50
		II. Kapitalrücklage	30
		III. Gewinnrücklagen	20
		B. Fremdkapital	100
	200		200

Abbildung 27: Eigenkapitalausweis unter Berücksichtigung der vollständigen Ergebnisverwendung

11.5 Die Ergebnisverwendungsrechnung in der Gewinn- und Verlustrechnung

Wird die Bilanz unter Berücksichtigung der teilweisen oder vollständigen Ergebnisverwendung aufgestellt, hat eine Überleitung von dem Posten Jahresüberschuss/-fehlbetrag, über dir Veränderungen der Rücklagen, zu dem Posten Bilanzgewinn/-verlust zu erfolgen. Eine solche Ergebnisverwendungsrechnung kann entweder im Anschluss an die Gewinn- und Verlustrechnung (§ 158 Abs. 1 S. 1 AktG) oder im Anhang vorgenommen werden (§ 158 Abs. 1 S. 2 AktG). Bei vollständiger Ergebnisverwendung verbleibt nach der Überleitung weder ein Bilanzgewinn noch ein Bilanzverlust, sodass ein solcher auch nicht in der Bilanz ausgewiesen wird (Abbildung 27).

Im GmbHG gibt es keine speziellen Regelungen für die Ergebnisverwendungsrechnung. Für sie gilt der § 275 Abs. 4 HGB der bestimmt, dass die Veränderungen der Rücklagen erst nach dem Jahresergebnis in der Gewinn- und Verlustrechnung ausgewiesen werden dürfen.

11.6 Nicht durch Eigenkapital gedeckter Fehlbetrag

Ist das Eigenkapital durch die Verluste der Vorjahre sowie die laufenden Verluste aufgebraucht und ergibt sich ein Überschuss der Passivposten über die Aktivposten, so ist dieser Betrag am Ende der Aktivseite als „nicht durch Eigenkapital gedeckter Fehlbetrag" auszuweisen (§ 268 Abs. 3 HGB). In diesem Fall liegt eine bilanzielle Überschuldung vor. Hierbei ist zu beachten, dass dadurch noch kein Insolvenztatbestand vorliegt, da es hierfür einer insolvenzrechtlichen Überschuldung bedarf. Eine solche ist erst gegeben, wenn die Passivposten die Aktivposten auch bei einer Bilanzierung zu Zeitwerten übersteigen.

Aktiva		Bilanz, in TEUR	Passiva
A. Anlagevermögen	90	A. Eigenkapital	
B. Umlaufvermögen	100	I. Gezeichnetes Kapital	100
C. Nicht durch EK ge- deckter Fehlbetrag	-10	II. Kapitalrücklage	-50
		III. Gewinnrücklagen	-60
		IV. Nicht gedeckter Fehlbetrag	10
		B. Fremdkapital	200
	200		200

Abbildung 28: Ausweis eines nicht durch EK gedeckten Fehlbetrages bei einer AG bzw. GmbH

Werden die Kapitalanteile der persönlich haftenden Gesellschafter einer KGaA durch aktuelle und vergangene Verluste überschritten, kommt § 286 Abs. 2 AktG zur Anwendung. Gemäß § 286 Abs. 2 S. 1 AktG sind die Kapitalanteile der Komplementäre einer KGaA nach dem gezeichneten Kapital auszuweisen. Übersteigt der Verlust den Kapitalanteil der persönlich haftenden Gesellschafter, und besteht keine Zahlungsverpflichtung zum Ausgleich der Verluste seitens der Komplementäre, ist am Ende der Aktivseite ein „nicht durch Vermögenseinlagen gedeckter Verlustanteil persönlich haftender Gesellschafter" auszuweisen (§ 286 Abs. 2 S. 3 Alt. 2 AktG). Besteht hingegen eine solche Ausgleichsverpflichtung, ist der Betrag als „Einzahlungsverpflichtung persönlich haftender Gesellschafter" unter den Forderungen auszuweisen (§ 286 Abs. 2 S. 3 Alt. 1 AktG).

12 Verbindlichkeiten

12.1 Begriff und Formen

Neben dem bereits erläuterten Eigenkapital verfügen Unternehmen i. d. R. zusätzlich über Fremdkapital. Dieses zeichnet aus, dass es dem Unternehmen nur begrenzte Zeit und nicht für Zwecke der Haftung zur Verfügung steht sowie dem Gläubiger keine Gesellschafterrechte vermittelt. Das Fremdkapital zerfällt in Verbindlichkeiten, Rückstellungen und die übrigen passiven Bilanzposten, die später noch zu erläutern sind.

Verpflichtungen deren Höhe und Fälligkeit zum Bilanzstichtag eindeutig feststehen, heißen Verbindlichkeiten. Sie liegen vor, wenn das belastete Unternehmen juristisch gezwungen werden kann, eine definierte Leistung zu erbringen und es keine Möglichkeit der Einrede besitzt. Darüber hinaus muss diese Leistungspflicht das Unternehmen wirtschaftlich belasten. Ihm darf also aus demselben Sachverhalt keine Gegenleistung zustehen. Unerheblich ist, ob das Unternehmen eine Zahlung, Sach- oder Dienstleistung erbringen muss.

Für die Sortierung der Verbindlichkeiten stehen verschiedene Abgrenzungskriterien zur Verfügung. Üblicherweise erfolgt die Einteilung nach:

- der Fristigkeit,
- der Art der Sicherung,
- dem Empfänger oder
- der Beziehung zwischen Leistung und Gegenleistung.

Das Kriterium der Fristigkeit ordnet die Verbindlichkeiten nach ihrer Restlaufzeit. Das der Art der Sicherung differenziert zwischen unbesicherten und besicherten Verbindlichkeiten, wobei letztere zusätzlich nach dem Grad der Besicherung, also ob eine vollständige oder eine teilweise Besicherung vorliegt, unterschieden werden können. Die Unterteilung nach dem Empfänger zeigt an, welcher abgrenzbaren Gläubigergruppe (bspw. Kreditinstitute, Lieferanten, Dienstleister oder Privatpersonen) dieser zugehörig ist. Das letzte Abgrenzungsmerkmal fragt danach, ob die Leistung des Unternehmens auf einem Anspruch auf eine unmittelbare Gegenleistung beruht oder nicht.

Eine Leistungsverpflichtung ohne Gegenleistung tritt bspw. ein, wenn ein Unternehmen aufgrund einer Vertragsverletzung Schadensersatz leisten muss. Die Zahlung öffentlicher Abgaben wie z. B. Steuern fällt ebenfalls hierunter. Besitzt das Unternehmen dagegen Anspruch auf eine Gegenleistung können folgende Arten der Gegenleistung vorliegen:

- ein Geldbetrag,
- eine Sach- oder Dienstleistung oder
- eine Anzahlung.

Erstes liegt vor, wenn ein zur Verfügung gestellter Geldbetrag das Unternehmen zur Rückzahlung eines vertraglich vereinbarten Geldbetrages verpflichtet. Bei zweitem erbringt der Vertragspartner eine Sach- oder Dienstleistung, die das Unternehmen zur Zahlung eines Geldbetrages oder ebenfalls zur Erbringung einer Sach- oder Dienstleistung verpflichtet. Im letzten Fall hat das Unternehmen die eigene Leistung bislang nicht oder nur teilweise erbracht. Dann liegt ein schwebendes Geschäft vor.

12.2 Ansatz und Ausweis

12.2.1 Ansatzvoraussetzungen

§ 246 Abs. 1 S. 1 HGB verlangt den Ansatz aller Schulden und damit auch aller Verbindlichkeiten. Da das Gesetz den Begriff der Verbindlichkeit nicht normiert, existiert keine eindeutige Festlegung, was als Verbindlichkeit zu erfassen ist. Darum fundiert die Einteilung auf dem bereits erläuterten Passivierungsgrundsatz. Dabei gilt: Der Ansatz einer Verbindlichkeit erfolgt zu dem Zeitpunkt an dem der Passivierungsgrundsatz erfüllt ist.

Mit Eintreten oder bekannt werden eines Ereignisses, dass die Leistungspflicht begründet, müssen Verbindlichkeiten ohne Gegenleistung beim Bilanzierenden angesetzt werden. Der erstmalige Ansatz erfolgt in der Schlussbilanz des Geschäftsjahres, in dem bspw. die Vertragsverletzung begangen bzw. diese bekannt wurde.

Verbindlichkeiten mit Gegenleistung beruhen meist auf einem Vertrag. Dessen Abschluss erfüllt bereits das Verpflichtungskriterium. Aber solange der Geschäftspartner des Bilanzierenden noch nicht geleistet hat, besteht ein gleichwertiger Anspruch auf eine Gegenleistung. Somit liegt noch keine wirtschaftliche Belastung vor und damit auch keine Verbindlichkeit i. S. d. obigen Definition. Mit anderen Worten, eine Verbindlichkeit bzw. eine Passivierungspflicht entsteht erst, wenn der Vertragspartner seine Leistungspflicht erfüllt hat, ohne dass der Bilanzierende seiner Pflicht zur Gegenleistung nachgekommen ist. Wurde nur ein Teil der vertraglichen Verpflichtung erfüllt, darf nur die wirtschaftliche Belastung bilanziert werden, die sich aus der vertraglichen oder rechtlichen Pflicht zur Gegenleistung ergibt.

Sobald eine Verbindlichkeit erloschen ist, muss sie ausgebucht werden. Im Normalfall geschieht das durch Erfüllung gem. § 362 BGB. Weitere Gründe für ein Erlöschen können bspw. ein Schuldenerlass oder der Ankauf eigener Schuldverschreibungen sein.

Das Bestehen einer Verbindlichkeit kann vom Eintreten bestimmter Bedingungen abhängen. Solche Verbindlichkeiten heißen bedingte Verbindlichkeiten. Sie können in aufschiebend und auflösend bedingte Verbindlichkeiten eingeteilt werden (§ 158 HGB). Im ersten Fall entsteht die Verbindlichkeit mit dem Eintreten der Bedingung, während sie im zweiten Fall dann erlischt. Für die Bilanzierung ist diese Unterscheidung unbedeutend, da das Kriterium der Gewissheit der Verpflichtung dem Grunde nach über die Ansatzpflicht entscheidet. Daraus folgt, eine Verbindlichkeit muss passiviert werden, wenn der Eintritt der aufschiebenden Bedingung sicher ist bzw. der Eintritt der auflösenden Bedingung mit an Sicherheit grenzender Wahrscheinlichkeit ausgeschlossen werden kann.

Erklärt ein Gläubiger den Rücktritt seiner Forderung hinter bestimmte oder alle Forderungen (Rangrücktritt), tangiert dies die Ansatzpflicht nicht. Schließlich soll die Rangrücktrittserklärung grundsätzlich keinen Forderungserlass nach sich ziehen.

Dem Passivierungsgrundsatz entsprechend fallen auch die antizipativen passiven Rechnungsabgrenzungsposten unter die Verbindlichkeiten. Sie werden unter den sonstigen Verbindlichkeiten verbucht und erfassen Aufwendungen des laufenden Geschäftsjahres, die aber erst im folgenden Geschäftsjahr zu Ausgaben führen. Das Besondere besteht hier in der kontinuierlichen Leistungserbringung des Vertragspartners, während die eigene Leistung erst erfolgt, wenn die zeitraumbezogene Gegenleistung vollständig erbracht wurde.

12.2.2 Ausweis-, Erläuterungs- und Vermerkpflichten

Um dem Bilanzleser einen möglichst zutreffenden Einblick in die Finanzlage des berichtenden Unternehmens zu gewähren, schuf der Gesetzgeber für Kapitalgesellschaften und haftungsbeschränkte Personengesellschaften mit den §§ 265, 266, 268 u. 285 HGB detaillierte Ausweis- und Erläuterungspflichten. Alle anderen Rechtsformen sind bei der Wahl der Systematisierungskriterien für die Verbindlichkeiten frei. Häufig verdichten sie diese zu einem Gesamtposten.

Mittelgroße und große Kapitalgesellschaften sowie haftungsbeschränkte Personengesellschaften müssen ihre Verbindlichkeiten gem. § 266 Abs. 3 C. HGB wie folgt gliedern:

a. Anleihen,
   davon konvertibel;
b. Verbindlichkeiten gegenüber Kreditinstituten;
c. erhaltene Anzahlungen auf Bestellungen;
d. Verbindlichkeiten aus Lieferungen und Leistungen;
e. Verbindlichkeiten aus der Annahme gezogener Wechsel und der Ausstellung eigener Wechsel;
f. Verbindlichkeiten gegenüber verbundenen Unternehmen;
g. Verbindlichkeiten gegenüber Unternehmen, mit denen ein Beteiligungsverhältnis besteht;
h. sonstige Verbindlichkeiten,
   davon aus Steuern,
   davon im Rahmen der sozialen Sicherheit.

Für die Systematisierung der Verbindlichkeiten greift der Gesetzgeber weder auf ein Ordnungsprinzip zurück, noch versucht er alle Ordnungskriterien zu berücksichtigen. Er fordert den Ausweis nach:

- den einander gegenüberstehenden Leistungen und Gegenleistungen (Anleihen, erhaltene Anzahlungen auf Bestellungen, Verbindlichkeiten aus Lieferungen und Leistungen, Verbindlichkeiten aus der Annahme gezogener Wechsel und der Ausstellung eigener Wechsel sowie sonstige Verbindlichkeiten) und
- dem Empfänger der Leistung (Verbindlichkeiten gegenüber Kreditinstituten, Verbindlichkeiten gegenüber verbunden Unternehmen, Verbindlichkeiten gegenüber Unternehmen, mit denen ein Beteiligungsverhältnis besteht).

Angaben zur Fristigkeit oder zur Sicherungsart dagegen müssen, wie unten erläutert, nur i. R. d. Erläuterungspflichten gem. §§ 268 Abs. 5 u. 285 Nr. 1 u. 2 HGB gemacht werden.

Die gewählte Gliederung ist nicht überschneidungsfrei. Folglich besteht nicht immer die Möglichkeit eine eindeutige Zuordnung der Verbindlichkeiten zu den Positionen des § 266 Abs. 3 C HGB vorzunehmen. Darum verpflichtet § 265 Abs. 3 S. 1 HGB zu einem Vermerk über die Mitzugehörigkeit zu einem anderen Bilanzposten in der Bilanz oder im Anhang, wenn dies für Klarheit und Übersichtlichkeit des Jahresabschlusses erforderlich ist. Damit sind solche Positionen gemeint, die wesentlich sind und deren Charakter ohne die Angabe der Mitzugehörigkeit durch den Bilanzleser falsch beurteilt werden könnte.

Bedeutende Überschneidungen treten auf bei den Verbindlichkeiten gegenüber verbundenen Unternehmen und solchen mit denen ein Beteiligungsverhältnis besteht. Solche Verbindlichkeiten erwachsen häufig aus erbrachten Lieferungen und Leistungen. Der Ausweis als Verbindlichkeiten gegenüber verbundenen Unternehmen bzw. solchen, mit denen ein Beteiligungsverhältnis besteht, besitzt hier einen Vorrang. Demgegenüber wird die Ansicht vertreten, dass eine Bilanzierung unter Verbindlichkeiten aus Lieferungen und Leistungen zulässig ist, vorausgesetzt ein „davon-Vermerk" erfolgt. Ebenso kann eine zusätzliche Unterteilung der vorrangigen Posten den Informationsnachteil durch den unvollständigen Ausweis der Verbindlichkeiten aus Lieferungen und Leistungen unter diesem Posten ausgleichen.

Kleine Kapitalgesellschaften dürfen ihre Verbindlichkeiten für die Offenlegung zu einem Posten zusammenfassen (§ 266 Abs. 1 S. 3 HGB). Mittelgroße und große Gesellschaften müssen die verschiedenen Arten von Verbindlichkeiten offen ausweisen (§ 266 Abs. 1 S. 2 HGB). Außerdem sind bei Anleihen „davon-Vermerke" für die konvertiblen Anleihen vorgeschrieben. Allerdings gelten für mittelgroße Gesellschaften bei der Offenlegung die Erleichterungen gem. § 327 HGB.

Im Gegensatz zur Postenzusammenfassung verbietet sich die Saldierung mit Forderungen aufgrund des Verrechnungsverbotes aus § 246 Abs. 2 HGB. Allerdings bestehen Ausnahmen für Vermögensgegenstände die dem Gläubigerzugriff entzogen sind und allein der Erfüllung von Schulden aus Altersversorgungsverpflichtungen oder vergleichbaren langfristig fälligen Verpflichtungen dienen (§ 246 Abs. 2 HGB). Darunter fallen Pensionsverpflichtungen, Altersteilzeitverpflichtungen, Lebensarbeitszeitmodellverpflichtungen und andere vergleichbare langfristig fällige Verpflichtungen gegenüber Mitarbeitern. Alle anderen Verpflichtungen gegenüber Mitarbeitern dürfen weiterhin nicht saldiert werden. Um das Ausmaß der Verrechnung transparent zu machen, müssen die miteinander verrechneten Positionen mit Anschaffungskosten und beizulegendem Zeitwert der verrechneten Vermögensgegenstände, dem Erfüllungsbetrag der verrechneten Schulden sowie die zugrunde gelegten Annahmen im Anhang angegeben werden (§ 285 Nr. 25 HGB).

Weiterhin müssen die Restlaufzeiten der Verbindlichkeiten angezeigt werden (§§ 268 Abs. 5 u. 285 Nr. 1 HGB). Diese Information dient der Beurteilung der Finanzlage. Insbesondere bei kurzfristigen Verbindlichkeiten besitzt dies Bedeutung, da aufgrund dieser Angabe der Liquiditätsabfluss im folgenden Geschäftsjahr abgeschätzt werden kann. Konsequenterweise verpflichtet § 268 Abs. 5 S. 1 HGB für jeden im Bilanzvermerk ausgewiesenen Verbindlichkeitenposten mit einer Restlaufzeit bis zu einem Jahr sowie über einem Jahr zur Angabe des Rückzahlungsbetrags.

Neben der Nennung der Laufzeiten der kurzfristigen Verbindlichkeiten muss gem. § 285 Nr. 1 a) u. Nr. 2 HGB für jeden Verbindlichkeitenposten einzeln sowie der Gesamtbetrag der Verbindlichkeiten mit einer Restlaufzeit von mehr als fünf Jahren im Anhang dargestellt werden. Die Restlaufzeit ermittelt sich anhand des vertraglich festgelegten Fälligkeitstermins und nicht anhand des beabsichtigten Erfüllungstermins. Es lassen sich damit folgende Restlaufzeitgruppen bilden:

- Verbindlichkeiten mit einer Restlaufzeit bis zu einem Jahr,
- Verbindlichkeiten mit einer Restlaufzeit von über einem Jahr bis fünf Jahre sowie
- Verbindlichkeiten mit einer Restlaufzeit von über fünf Jahren.

Zusätzlich schreibt § 265 Abs. 2 S. 1 HGB für die einzelnen Posten die Angabe der Vorjahresbeträge vor. Für antizipative Rechnungsabgrenzungsposten bestehen Erläuterungspflichten sofern sie einen größeren Umfang einnehmen (§ 268 Abs. 5 S. 3 HGB). Aus Gründen der Klarheit darf auf einen Bilanzvermerk der Informationen gem. § 268 Abs. 5 HGB verzichtet werden und eine Angabe im Anhang erfolgen (§ 265 Abs. 7 Nr. 2 HGB).

Kapitalgesellschaften müssen zusätzlich den durch Pfandrechte oder ähnliche Rechte besicherten Betrag der Verbindlichkeiten ausweisen. § 285 Nr. 1 b) HGB fordert die Abbildung der Art und der Form der eingeräumten Sicherheiten (bspw. Pfandbestellung, Sicherungsübereignung usw.). Die Ausweispflicht verschärft sich für mittlere und große Kapitalgesellschaften auf die Gliederung dieser Angabe nach den einzelnen Verbindlichkeiten-posten (§ 285 Nr. 2 HGB). Kleine Kapitalgesellschaften und Kapitalgesell-schaften gleichgestellte Personengesellschaften befreit § 288 Abs. 1 HGB von dieser Pflicht. Folgende Sicherheiten sind ausweispflichtig:

- Grundpfandrechte (Hypotheken, Grundschulden, Rentenschulden),
- Pfandrechte an beweglichen Sachen,
- Pfandrechte an Rechten,
- Sicherungsübereignungen und
- Sicherungsabtretungen.

GmbH und haftungsbeschränkte Personengesellschaften sind ferner ver-pflichtet Darlehen gegenüber Gesellschaftern gesondert in der Bilanz oder im Anhang anzugeben (§ 42 Abs. 3 GmbHG bzw. § 264c Abs. 1 S. 1 HGB). Durch die Formulierung „in der Regel ... gesondert auszuweisen oder im Anhang anzugeben" zeigt der Gesetzgeber, dass er den bilanziellen Aus-weis vorzieht. Die Erwähnung im Anhang dagegen soll erfolgen, wenn der bilanzielle Ausweis die Klarheit und Übersichtlichkeit der Bilanz gefährdet. Die gesonderte Darstellung ordnet der Gesetzgeber an, da Darlehen der Gesellschafter bilanzanalytisch u. U. wirtschaftliches Eigenkapital verkör-pern.

Seinen Ausweis- und Erläuterungspflichten kann der Bilanzierende auch mit Hilfe eines Verbindlichkeitspiegels nachkommen. In diesem Fall genügt es gem. § 265 Abs. 7 Nr. 2 HGB, den Gesamtbetrag in der Bilanz zu nennen alle Teilposten, Restlaufzeiten und Sicherheiten im Anhang auszu-weisen. Der Verbindlichkeitspiegel muss folglich alle gesetzlichen Aus-weisvorgaben erfüllen. Freiwillige Zusatzangaben gestattet der Gesetzge-ber, allerdings dürfen der Grundsatz der Klarheit und der der Übersicht-lichkeit nicht verletzt werden. Für den Verbindlichkeitspiegel existiert keine vorgeschriebene Form, sodass ein individueller Aufbau möglich ist.

12.3   Bilanzierung und Bewertung

12.3.1 Grundlagen

Verbindlichkeiten sind grundsätzlich zum Erfüllungsbetrag zu bilanzieren, und zwar unabhängig von der Höhe der Auszahlung und der Restlaufzeit (§ 253 Abs. 1 S. 2 HGB). Der Erfüllungsbetrag bezeichnet den voraussicht-lich notwendigen Betrag um eine entstandene Verpflichtung – mit oder ohne Gegenleistung – zu erfüllen bzw. abzulösen. Bei Geldleistungsverpflichtungen handelt es sich um den vereinbarten Rückzahlungsbetrag, bei Sachleistungs- oder Sachwertverpflichtungen um den im Erfüllungszeitpunkt voraussichtlich aufzuwendenden Geldbetrag.

Generell richtet sich die Bewertung von Verbindlichkeiten an den Bewertungsgrundsätzen des § 252 Abs. 1 HGB sowie an den Grundsätzen ordnungsgemäßer Buchführung aus. Besondere Bedeutung besitzen v. a. der Grundsatz der kaufmännischen Vorsicht, das Imparitätsprinzip und das sich aus diesen ergebenden Höchstwertprinzip. Das Höchstwertprinzip funktioniert spiegelbildlich zum strengen Niederstwertprinzip. Dies bedeutet eine Erhöhung des Erfüllungsbetrages muss zwingend berücksichtigt werden, da sie eine zusätzliche Belastung für das Unternehmen bedeutet. Umgekehrt darf eine Minderung des Erfüllungsbetrages grundsätzlich nicht berücksichtigt werden, da sonst nicht realisierte Erträge verbucht würden. Allerdings darf der Erfüllungsbetrag gemindert werden, wenn dadurch der erstmalig bilanzierte Erfüllungsbetrag nicht unterschritten wird. Der Grundsatz gilt unabhängig von der Restlaufzeit der Verbindlichkeit.

12.3.2 Besonderheiten

12.3.2.1 Rentenverpflichtungen

Der Erwerb von Vermögensgegenständen auf Rentenbasis (bspw. einer Rentenschuld oder einer Leibrente) begründet Rentenverpflichtungen, die zum versicherungsmathematischen Barwert angesetzt werden müssen. Der volle Barwert ist anzusetzen, wenn eine Gegenleistung aus der Sicht des Schuldners nicht mehr zu erwarten ist (§ 253 Abs. 2 S. 3 HGB). Sollte nur ein Teil der Gegenleistung erbracht worden sein, darf nur eine diesem Teil entsprechende anteilige Bilanzierung erfolgen.

Liegt die Restlaufzeit der Rentenverbindlichkeit über einem Jahr, besteht die Pflicht, diese mit dem der Restlaufzeit entsprechenden durchschnittlichen Zinssatz der letzten sieben Jahre abzuzinsen (§ 253 Abs. 2 S. 1 HGB). Zur Vereinfachung darf pauschal der durchschnittliche Zinssatz genutzt werden, der sich bei einer unterstellten Restlaufzeit von 15 Jahren ergibt (§ 253 Abs. 2 S. 2 HGB). Die Referenzzinssätze legt die Deutsche Bundesbank fest. Dies engt den bilanzpolitischen Spielraum für die Wahl des Diskontierungsfaktors erheblich ein (§ 253 Abs. 2 S. 4 HGB). Ein aufgrund kaufmännischer Vorsicht niedrigerer Zinssatz dürfte zulässig sein, da ein niedrigerer Zinssatz zu einem höheren Wertansatz der Rentenverpflichtung führt.

12.3.2.2 Lieferantenskonto

Um das belieferte Unternehmen zu einer früheren Zahlung zu bewegen, gewähren Lieferanten dem Käufer ein Skonto, wenn dieser innerhalb einer vorher bestimmten Frist bezahlt. Die Bilanzierung des Lieferantenskonto, hängt davon ab, ob eine Inanspruchnahme beabsichtigt ist oder nicht.

Soll der Skontoabzug beansprucht werden, erfolgt die Verbuchung der Verbindlichkeit zum Nettobetrag. Die Verbindlichkeit wird folglich direkt um den Skontobetrag gekürzt. Kann der Bilanzierende das Skonto entgegen der ursprünglichen Planung nicht beanspruchen, erfolgt eine erfolgsneutrale Erhöhung der Anschaffungs- bzw. Herstellungskosten um den Skontobetrag.

Strebt das Unternehmen dagegen eine Nutzung des Skonto nicht an, werden die Anschaffungs- bzw. Herstellungskosten zum Bruttobetrag eingebucht. Kann von dem Skonto doch Gebrauch gemacht werden, sinken spiegelbildlich zum vorherigen Fall die Anschaffungs- und Herstellungskosten erfolgsneutral.

Zu beachten ist, dass es sich bei dem Skontobetrag nicht um einen erfolgswirksamen Zinsaufwand, sondern um eine erfolgsneutrale Minderung der Anschaffungs- bzw. Herstellungskosten handelt. Für die steuerrechtliche Behandlung fordert der BFH die Passivierung der Verbindlichkeit und deren Gegenleistung zum höheren Zielpreis. Zur Vereinfachung soll dies auch für die Handelsbilanz zulässig sein.

12.3.2.3 Agio, Disagio, Damnum

Das (Rückzahlungs-)Agio, das (Auszahlungs-)Disagio bzw. das Damnum führen dazu, dass der Auszahlungsbetrag einer Verbindlichkeit kleiner ist als deren Rückzahlungsbetrag. Es können dabei folgende Fallkonstellationen unterschieden werden:

- das (Rückzahlungs-)Agio,
- das (Auszahlungs-)Disagio und
- Kombinationen aus beiden.

Der Unterschiedsbetrag zwischen dem Auszahlungs- und dem Rückzahlungsbetrag besitzt wirtschaftlich den Charakter einer einmaligen Zinszahlung. Da diese wirtschaftlich der gesamten Kreditlaufzeit zugehörig ist, fordert der Grundsatz der Abgrenzung nach der Sache und der Zeit eine Verteilung über die gesamte Laufzeit. Folglich muss grundsätzlich ein Rechnungsabgrenzungsposten gebildet werden, der pro rata temporis erfolgswirksam aufgelöst wird.

Liegt der Erfüllungsbetrag über dem Auszahlungsbetrag handelt es sich um ein Disagio bzw. Damnum bei Hypotheken- und Grundschulden. Der Betrag ist eine Vorabzinszahlung für die Kapitalüberlassung. § 250 Abs. 3 HGB gewährt ein Wahlrecht zwischen einer sofortigen vollständigen Berücksichtigung als Aufwand oder einer Aktivierung als Rechnungsabgrenzungsposten mit einer entsprechenden zeitanteiligen Auflösung. Kapitalgesellschaften müssen diesen Rechnungsabgrenzungsposten gesondert in der Bilanz ausweisen oder im Anhang angeben (§ 268 Abs. 6 HGB).

Eine Aktivierung des Betrages ist nur im Geschäftsjahr der Begründung zulässig, eine spätere Nachholung verboten. Ein Verzicht auf die Aktivierung verstößt gegen die oben genannten Abgrenzungsgrundsätze, da dieser die Ertragslage verzerrt. Um Gestaltungsspielräume auszuschließen schreibt das Steuerrecht dagegen eine Aktivierung zwingend vor (H 6.10 EStR).

Liegt der Auszahlungsbetrag über dem Rückzahlungsbetrag heißt die Differenz Agio. Wirtschaftlich stellt sie ein Entgelt des Gläubigers für künftige über der normalen Verzinsung liegende Zinszahlungen dar. Aus dem Realisationsprinzip folgt, dass eine sofortige erfolgswirksame Verrechnung unzulässig ist. Im Auszahlungszeitpunkt handelt es sich bei der Differenz um einen unrealisierten Ertrag. Dieser Charakter als Vorabzinserstattung verpflichtet den Bilanzierenden zur Bildung eines passiven Rechnungsabgrenzungspostens gem. § 250 Abs. 2 HGB, der über die Laufzeit aufgelöst und mit dem jährlichen Zinsaufwand verrechnet wird.

12.3.2.4 Un- und unterverzinsliche Verbindlichkeiten

Steigt der Marktzins über den vereinbarten Nominalzinssatz entwickelt sich aus einer normalverzinslichen Verbindlichkeit eine niedrigverzinsliche Verbindlichkeit. Anders als bei einer Forderung darf der sich ergebende niedrigere Barwert nicht angesetzt werden. Da sich bei Verbindlichkeiten ein sonstiger betrieblicher Ertrag ergibt, dessen Berücksichtigung aufgrund der fehlenden Realisierung zu einem Verstoß gegen das Realisationsprinzip sowie das Imparitätsprinzip führt. Zudem führt eine Abzinsung dazu, dass nicht mehr der Erfüllungsbetrag angesetzt wird (§ 253 Abs. 1 S. 2 HGB). Daraus folgt, dass nur eine Bewertung zum höheren Rückzahlungsbetrag zulässig ist.

12.3.2.5 Nullkuponanleihen

Nullkuponanleihen kennzeichnet, dass dem Gläubiger während der Laufzeit keine Zinszahlungen zustehen, sondern ihm diese erst am Ende der Laufzeit zufließen. Folglich weichen der Auszahlungs- und der Rückzahlungsbetrag, der sich aus dem Auszahlungsbetrag sowie den Zinsen und Zinseszinsen zusammensetzt, voneinander ab. Die Bilanzierung und Bewertung erfolgt zum Zeitpunkt der Kreditaufnahme mit dem Auszahlungsbetrag. Durch die erfolgswirksame kontinuierliche Zuschreibung, der sich ansammelnden Zinsverbindlichkeiten, steigt jährlich die Höhe des Erfüllungsbetrages. Die Schuld entspricht zum Laufzeitbeginn dem Auszahlungsbetrag, der sich kontinuierlich um die jährlich anfallenden Zinsen erhöht. Zu beachten ist, dass der Ausgabebetrag dem Erfüllungsbetrag entspricht, da nur dieser zurückgezahlt wird. Die im Rücknahmebetrag enthaltenen Zinszahlungen dagegen werden bezahlt.

Alternativ kann die Anleihe während der gesamten Laufzeit zum Auszahlungsbetrag angesetzt werden. Die jährlich fälligen aber erst zum Fälligkeitstermin zahlbaren Zinsen werden in diesem Fall als sonstige Verbindlichkeiten erfasst. Folglich werden die Tilgungs- und die Zinskomponente ihrem Charakter entsprechend unterschiedlich ausgewiesen.

Eine Bewertung mit dem Rückzahlungsbetrag vor dem Laufzeitende verbietet sich gem. § 253 Abs. 1 S. 2 HGB i. V. m. § 252 Abs. 1 Nr. 3 u. Nr. 4 HGB. Dieser Betrag enthält Zinsbestandteile, die bei einer vorzeitigen Tilgung nicht fällig würden. Das Höchstwertprinzip kann ein solches Vorgehen folglich nicht rechtfertigen. Dieses fordert gerade die Werte anzusetzen, die am Abschlussstichtag vom Gläubiger eingefordert werden können. Die noch nicht fällig gewordenen Zinszahlungen gehören gerade nicht dazu.

12.3.2.6 Fremdwährungsverbindlichkeiten

Fremdwährungsverbindlichkeiten, also Verbindlichkeiten die in fremden Währungseinheiten rückzahlbar sind, werden gleichfalls zum Erfüllungsbetrag angesetzt. Das ist der in heimischer Währung aufzubringende Betrag, der nötig ist, um die für die Erfüllung der Verpflichtung erforderlichen Mittel in fremder Währung zu beschaffen. Die Verbindlichkeit ist dabei im Zeitpunkt ihrer Entstehung mit dem Tagesdevisenkassamittelkurs zu bewerten (§ 256a HGB analog). Diese Verbindlichkeiten unterliegen einem Kursänderungsrisiko. Daher müssen ein paar Besonderheiten beachtet werden.

Zunächst ist für die Folgebewertung zwischen solchen Verbindlichkeiten zu unterscheiden, deren Laufzeit länger als ein Jahr ist und solchen deren Laufzeit kürzer ist. Gem. § 256a HGB besteht für Verbindlichkeiten mit einer Laufzeit von über einem Jahr die Pflicht das Realisations-, das Imparitäts- sowie das Anschaffungskostenprinzip zu beachten. Jeweils zum Bilanzstichtag erfolgt aus diesem Grunde die Umrechnung der Verbindlichkeit zum Devisenmittelkassakurs. Bei einem gefallenen Kurs muss die Fremdwährungsverbindlichkeit erhöht werden. Der Erhöhungsbetrag stellt sonstigen betrieblichen Aufwand dar. Sollte der Kurs dagegen gestiegen sein, bleibt die Bewertung unverändert. Schließlich führt eine Berücksichtigung des niedrigeren Rückzahlungsbetrages zu einem verbotenen Ausweis unrealisierter Erträge. Eine Ausnahme besteht, wenn die Anpassung nach einer Erhöhung des Rückzahlungsbetrags vorgenommen wird und der neuangesetzte den Wert der Erstbewertung nicht unterschreitet. Für kurzfristige Valutaverbindlichkeiten, also solche mit einer Restlaufzeit von weniger als einem Jahr, dagegen ist eine Bilanzierung zum Zeitwert geboten (§ 256a HGB). Das Realisation-, das Imparitäts- und das Anschaffungskostenprinzip finden in dem Fall keine Anwendung (§ 256a S. 2 HGB).

Eine Sonderstellung nehmen geschlossene Devisenpositionen ein. Hier stehen den Verbindlichkeiten währungsidentische, betragsidentische und fristenkongruente Forderungen gegenüber. Zum Ausgleich gegenläufiger Wertänderungen dürfen in diesem Fall Schulden mit Finanzinstrumenten zu Bewertungseinheiten zusammengefasst werden. Dies gilt aber nur in dem Maße und für den Zeitraum, in dem sich die gegenläufigen Wertänderungen ausgleichen (§ 254 HGB).

Durch Termingeschäfte abgesicherte Fremdwährungsverbindlichkeiten müssen zum Devisenterminkurs bewertet werden. Schließlich stehen in diesem Fall der Umrechnungskurs zum Erfüllungszeitpunkt und damit der Erfüllungsbetrag fest. Folglich ergeben sich während der Laufzeit keine Bewertungsänderungen.

13 Rückstellungen

13.1 Grundlagen

Die Bildung von Rückstellungen stellt eine besondere Form der Vermögenskorrektur dar und entspringt dem Grundsatz der kaufmännischen Vorsicht. Danach müssen alle vorhersehbaren Risiken abgeschätzt, bewertet und passiviert werden. Dieses geschieht gem. § 249 HGB nach den Grundsätzen der ordnungsgemäßen Buchführung, die durch den § 5 Abs. 1 Satz 1 EStG auch für die steuerliche Gewinnermittlung gesetzlich normiert werden. Allerdings sind im Steuerrecht Rückstellungen nur zu bilden, soweit eine betriebliche Veranlassung vorliegt und steuerliche Sondervorschriften, wie z. B. § 5 Abs. 2a, 3, 4, 4a, 4b sowie §§ 6 u. 6a EStG (vgl. R 5.7 Abs. 1 EStR), der Bildung dieser Rückstellungen nicht entgegenstehen. Mit Vorliegen der jeweils bestehenden Voraussetzungen sind demnach Rückstellungen zu passivieren.

Im Handelsrecht ist die Rückstellungsbildung durch alle buchführenden Kaufleute möglich bzw. vorgeschrieben (§§ 238 ff. u. 249 HGB). Obwohl keine finanziellen Mittel abfließen, reduziert sich der handelsrechtliche Jahresüberschuss. Als Konsequenz steht damit weniger Gewinn für die Ausschüttung als Dividende zur Verfügung. Das Unternehmen erzielt für das Jahr der Rückstellungsbildung eine höhere Liquidität. Die Rückstellungen liefern somit einen Beitrag zur Innenfinanzierung der Unternehmung.

13.2 Bildung von Rückstellungen

Es wird zwischen Verbindlichkeits-, Verlust- und Aufwandsrückstellungen unterschieden. Rückstellungen sind Verpflichtungen (Geld-, Sach-, Dienst- oder Werkleistungen) gegenüber fremden Dritten, die jeweils zum betrachteten Bilanzstichtag wirtschaftlich verursacht worden sind, aber erst in einem späteren Wirtschaftsjahr ausgeglichen werden. Sie stellen somit Fremdkapital dar. Jedoch existiert im Unterschied zu den Verbindlichkeiten eine Ungewissheit bzgl. ihrer konkreten Höhe und ihrer Inanspruchnahme. Eine wirtschaftliche Verursachung setzt voraus, dass der Tatbestand im Wesentlichen verwirklicht wurde, an dem ein Vertrag oder das Gesetz diese Verpflichtung koppelt (R 5.7 Abs. 5 EStR).

Streng genommen dient also die Rückstellung der periodengerechten Ergebnisermittlung. Der Aufwand für eine notwendige Betriebsmaßnahme wird dem Wirtschaftsjahr zugeordnet, in dem er wirklich „technologisch" verursacht bzw. entstanden ist und nicht dem Wirtschaftsjahr, in dem die monetären Zahlungsvorgang erfolgt. Zum Bilanzstichtag des Verursachungswirtschaftsjahres wird der Passivposten Rückstellung gebildet und erhöht die Passivseite der Bilanz. Bei gleichbleibendem Aktivvermögen bewirkt dieser Vorgang eine Minderung des Kapitalkontos. Damit korrespondierend wird in der Gewinn- und Verlustrechnung ein entsprechender Aufwand gebucht.

Der entsprechende Buchungssatz lautet:
  Aufwandskonto an Rückstellung

Mit Hilfe des Bilanzpostens Rückstellungen wird der dort eingestellte Betrag in das neue Jahr übernommen.

Nach dem Handelsrecht müssen lt. § 249 HGB Rückstellungen gebildet werden (Passivierungspflicht) für:

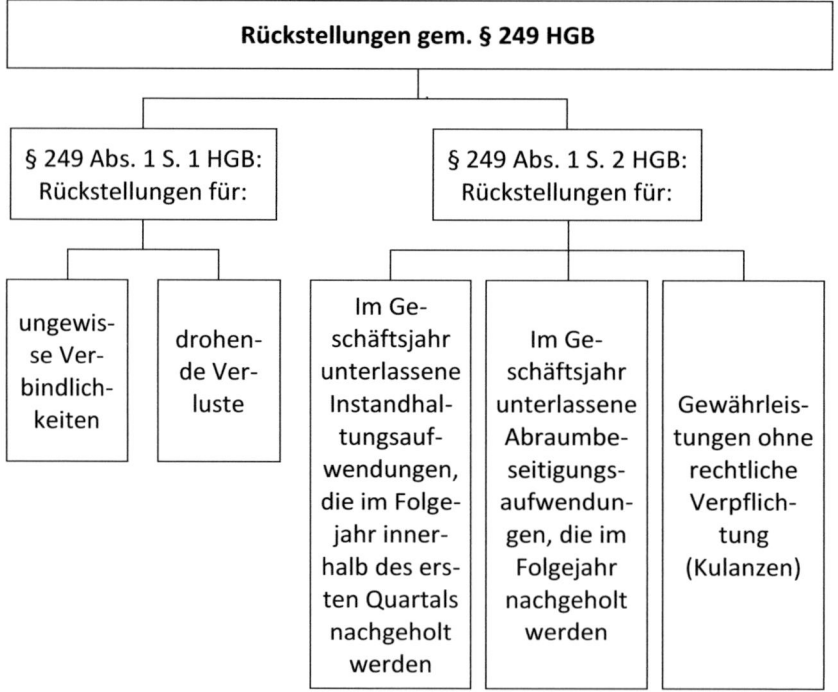

Abbildung 29: Rückstellungen gem. § 249 HGB

13.2.1 Rückstellungen für ungewisse Verbindlichkeiten

Die Position „Rückstellungen für ungewisse Verbindlichkeiten" stellt die bedeutendste Rückstellungsgruppe dar. Das Handelsrecht folgt bzgl. der Bildung und Auflösung dieser Rückstellungsgruppe dem Steuerrecht. Insoweit erfolgt an dieser Stelle ein Exkurs in das Steuerrecht. Rückstellungen für ungewisse Verbindlichkeiten sind zu bilden, wenn folgende Voraussetzungen kumulativ erfüllt sind (R 5.7 Abs. 2 EStR):

- Es muss eine konkrete Verpflichtung gegenüber einem anderen oder eine öffentlich-rechtliche Verpflichtung vorliegen. Dabei muss diese Verpflichtung den Verpflichteten wirtschaftlich wesentlich belasten; hierbei ist auf die Bedeutung der Verpflichtung für das Unternehmen des Steuerpflichtigen auszugehen (R 5.7 Abs. 3 EStR). Eine öffentlich-rechtliche Verpflichtung liegt vor, wenn die Verpflichtung über bestimmte vorzunehmende Handlungen an vorgegebene Erfüllungsfristen und Termine gebunden und mit Sanktionen bewehrt sind (hinreichende Konkretisierung). Dies kann über ein Einzelgesetz oder über den Erlass einer behördlichen Verfügung erreicht werden (R 5.7 Abs. 4 EStR). Allgemein bestehende Branchen- und Geschäftsrisiken stellen keinen Rückstellungsgrund dar.

> **Beispiel:** Unternehmer Willy Brause plant eine breitere Hofeinfahrt für seine Werkstatt, damit auch größere Lieferfahrzeuge auf seinen Werkstatthof fahren können. Dafür hat er im August 01 bereits einen alten Baum gefällt, der im Wege stand. Weitere Aufwendungen für die Verbreiterung sind nicht entstanden. Daraufhin verpflichtete die Gemeinde Willy Brause mit Bescheid vom 30.11.01, fünf neue Bäume als Ausgleichsmaßnahme in der Nachbarschaft zu pflanzen. Im Nichtdurchführungsfall würde die Gemeinde die Ersatzmaßnahme selber durchführen und die dabei entstandenen Kosten gegen Willy Brause durchsetzen.

- Diese Verpflichtung wurde vor dem Bilanzstichtag wirtschaftlich verursacht. D. h., die wesentlichen Tatbestandsvoraussetzungen für das Auslösen der Verpflichtung (lt. Vertrag oder Gesetz) sind im Wesentlichen erfüllt. Dabei muss diese Verpflichtung Vergangenes abgelten, wie z. B. Rückstellungen für Dienstjubiläen für im Unternehmen gediente Zeiten (R 5.7 Abs. 5 EStR).

> **Fortführung des Beispiels:** Der Verpflichtungsbescheid aus dem obigen

Beispiel erreichte den Willy Brause im Jahr 01 und entfaltete somi in 01 für Willy Brause Rechtswirkung. Damit ist diese Verpflichtung in 01 entstanden.

- Es ist mit einer Inanspruchnahme aus dieser Verpflichtung ernsthaft zu rechnen. Von einer Inanspruchnahme durch fremde Dritte ist auszugehen, wenn bis zur Erstellung der jeweiligen Bilanz genügend objektive Umstände vorliegen, dass der Unternehmer ernsthaft damit rechnen muss, aus dieser Verpflichtung in Anspruch genommen zu werden (R 5.7 Abs. 6 EStR). Auf die subjektive Erwartung des Steuerpflichtigen kommt es nicht an. Es müssen mehr Gründe für als gegen die Inanspruchnahme sprechen. Hierbei sind alle vorliegenden Tatsachen aus der Sicht eines ordentlichen und sorgfältigen Kaufmannes zu würdigen. Ein Abstellen nur auf die pessimistischste Alternative bzgl. der Inanspruchnahme hält der BFH nicht für ausreichend (BFH v. 19.10.2005, BStBl 2006 II 371).

Fortführung des Beispiels: Im obigen Beispiel ergibt sich für Willy Brause mit Bescheid vom 30.11.01 (= Hoheitsakt) eine ernsthafte Inanspruchnahme durch die Gemeinde.

- Die erfassten Aufwendungen dürfen in zukünftigen Jahren nicht zu Anschaffungs- oder Herstellungskosten für ein Wirtschaftsgut führen (§ 5 Abs. 4b S. 1 EStG), müssen also sofort abziehbar sein (vgl. BFH I R 36/04; BStBl. 2006 II 369).

Fortführung des Beispiels: Die Ersatzmaßnahme ist als Ausgleichsmaßnahme für das Fällen des Baumes in der Hofeinfahrt gedacht. Das Baumfällen hat die Hofeinfahrt nicht in ihrem Wesen verändert. Die Hofeinfahrt ist nur den Belangen der Zeit (größere LKW) angepasst (modernisiert) worden. Somit liegen keine Anschaffungs- oder Herstellungskosten vor. Die Kosten sind sofort abziehbar.

Diese Voraussetzungen müssen vom Steuerpflichtigen substantiiert nachgewiesen werden. Beispiele für ungewisse Verbindlichkeiten sind:

- Pensionsrückstellungen,
- Prozesskostenrückstellungen (Prozesse, die über den Jahreswechsel gehen),
- Rückstellungen für Jahresabschlusskosten,
- Rückstellungen für Eventualverbindlichkeiten,
- Rückstellungen für Altlastsanierung (soweit Sanierungsverpflichtungen bestehen),
- Urlaubsrückstellungen,
- Rückstellungen für die Aufbewahrung von Unterlagen
- etc.

Sollten die Gründe für die Bildung einer Rückstellung nicht mehr vorhanden sein, weil entweder der Steuerpflichtige nicht mehr mit einer Inanspruchnahme aus der Verpflichtung zu rechnen braucht, oder aber die Verpflichtung als solche keine wirtschaftliche Belastung mehr für den Steuerpflichtigen darstellt (R 5.7 Abs. 13 EStR), ist die Rückstellung gewinnerhöhend aufzulösen.

Fortführung des Beispiels: Nachdem Willy Brause gegen den Bescheid vom 30.11.01 Einspruch eingelegt hatte, hob die Gemeinde diesen Bescheid in 02 wieder auf. Damit ist der Grund für die Bildung der Rückstellung in 01 weggefallen. Willy Brause muss die Rückstellung auflösen.

13.2.2 Rückstellungen für Drohverluste

Handelsrechtlich ist gem. § 249 Abs. 1 Satz 1 HGB für drohende Verluste aus schwebenden Geschäften eine Rückstellung zu bilden. Ein schwebendes Geschäft ist ein wechselseitig verpflichtender Vertrag, der von beiden Vertragspartnern noch nicht erfüllt ist.

Beispiel: Willy Brause schließt einen Vertrag mit seiner Kundin Jana Soda über die Fertigung einer hochwertigen Goldkette zu einem Verkaufspreis von 300 € ab. Willy Brause weiß, dass ihm Aufwendungen von mindestens 600 € entstehen werden. Willy Brause drohen aus diesem Geschäft also Verluste i. H. v. 300 €.

13.2.3 Rückstellungen unterlassene Instandhaltungen

Werden Instandhaltungsarbeiten des laufenden Geschäftsjahres in die ersten drei Monate des nächsten Geschäftsjahres verschoben, so ist nach § 249 Abs. 1 S. 2 Nr. 1 HGB eine Rückstellung zu bilden. Erfolgt der Abschluss der Instandhaltungsarbeiten nach Ablauf der ersten drei Monate des neuen Geschäftsjahres ist ein Ansatz verboten.

Beispiel: Wily Brause plant schon seit Jahren Malerarbeiten (= Instandhaltungsaufwendungen). Er hatte es aber bisher nicht geschafft, sie zu realisieren. In 01 wurden sie nun fest im Etat der Unternehmung eingeplant und ihr Abschluss für das erste Quartal 02 vorgesehen. Im Dezember 01 wurden die entsprechenden Vorverträge mit einer Malerfirma für 02 abgeschlossen. Somit ist in 01 eine Rückstellung für unterlassene Instandhaltungsaufwendungen zu bilden.

13.2.4 Rückstellungen für Abraumbeseitigung

Nach § 249 Abs. 1 Satz 2 Nr. 1 HGB ist ebenfalls eine Rückstellung zu bilden, wenn Abraumbeseitigungen des laufenden Geschäftsjahres im nächsten Geschäftsjahr nachgeholt werden.

Beispiel: Ein Kiestagebauunternehmen hatte es im laufenden Geschäftsjahr aus Liquiditätsgründen nicht geschafft, die freigelegten Löcher mit dem zur Seite geschobenen Mutterboden zu verfüllen. Für das Folgejahr ist die Nachholung fest eingeplant.

13.2.5 Rückstellungen für Gewährleistung ohne Rechtspflicht (Kulanzleistung)

Für Gewährleistungen, die ohne rechtliche Verpflichtung erbracht werden, ist nach § 249 Abs. 1 S. 2 Nr. 2 HGB eine Rückstellung zu bilden.

Beispiel: Willy Brause gewährt jedem seiner Kunden über die gesetzliche Gewährleistungsfrist hinaus eine weitere Gewährleistung von 3 Jahren auf die von ihm hergestellten Schmuckwaren. Bisher musste er aus diesem Grunde jährlich 2.000 € an Reparaturkosten (Material und Lohn) aufwenden, um dieser Kulanz gegenüber seinen Kunden nachzukommen.

13.3 Bewertung von Rückstellungen

Sollten Rückstellungen dem Grunde nach passiviert werden, ergibt sich immer das Problem der Bewertung derselben. Im Handelsrecht wird vom Erfüllungsbetrag (§ 253 Abs. 1 S. 2 HGB) der Rückstellung ausgegangen, der die zukünftigen Preis- und Kostensteigerungen (Inflationsrate oder branchentypische Preissteigerungen) über Aufzinsungen mit erfasst.

Sollte der Zeitraum zwischen dem Passivierungsbilanzstichtag und dem Beginn der Erfüllung der Verpflichtung größer gleich zwölf Monate sein, ist die geschätzte Rückstellungshöhe nach § 253 Abs. 2 S. 1 HGB unter Berücksichtigung eines durchschnittlichen Marktzinssatzes der vergangenen sieben Geschäftsjahre abzuzinsen. Dieser Abzinsungszinssatz wird durch die Deutsche Bundesbank monatlich ermittelt und veröffentlicht.

14 Besondere Bilanzposten

14.1 Latente Steuern

Im Steuerrecht existieren Regelungen, die sich hinsichtlich des Ansatzes und der Bewertung von Vermögensgegenständen und Schulden von den handelsrechtlichen Bilanzierungsvorschriften unterscheiden. Die Anwendung beider Regelwerke kann folglich zu periodischen Gewinnunterschieden zwischen Handels- und Steuerbilanz führen. Somit unterscheiden sich auch die tatsächliche Steuerfestsetzung nach Steuerbilanz und die fiktive Steuerfestsetzung nach Handelsbilanz.

Beispiel: Eine für 10.000 € erworbene Maschine mit einer Nutzungsdauer von vier Jahren wird in der Handelsbilanz arithmetisch-degressiv abgeschrieben. Steuerrechtlich ist hingegen nur die lineare Abschreibung zulässig. Der Ertragssteuersatz betrage 30 %.

Jahr	Abschreib-ungsbetrag Handelsbilanz	Abschreib-ungsbetrag Steuerbilanz	Gewinn-differenz	Steuerdif-ferenz (30 %)
01	4.000 €	2.500 €	+ 1.500 €	+ 450 €
02	3.000 €	2.500 €	+ 500 €	+150 €
03	2.000 €	2.500 €	./. 500 €	./. 150 €
04	1.000 €	2.500 €	./. 1.500 €	./. 450 €
Summe	**10.000 €**	**10.000 €**	**0 €**	**0 €**

In den Jahren 01 und 02 liegt die theoretische Steuerbelastung nach Handelsrecht über der tatsächlichen Steuerbelastung, die sich nach steuerrechtlichen Vorschriften ergibt. In den Jahren 03 und 04 kehrt sich dieser Effekt um und die theoretische Steuerlast nach Handelsrecht liegt unter der tatsächlichen Steuerlast nach Steuerrecht.

Abbildung 30: Latente Steuern

Bestehen im Berichtsjahr zwischen handelsrechtlichen und steuerlichen Wertansätzen Differenzen, die sich in den späteren Geschäftsjahren voraussichtlich abbauen werden, so sind in Höhe der zukünftigen Steuerbelastung bzw. Steuerentlastung sog. „latente" (lat. verborgene) Steuern in der

Bilanz anzusetzen. Hinsichtlich ihres wirtschaftlichen Gehaltes können latente Steuern als zukünftige Verbindlichkeiten bzw. Forderungen gegenüber dem Fiskus interpretiert werden. Im Fall einer zukünftigen Steuerbelastung besteht eine Ansatzpflicht für passive latente Steuern (§ 274 Abs. 1 S. 1 HGB). Im Unterschied dazu existiert für eine voraussichtliche Steuerentlastung ein Aktivierungswahlrecht für aktive latente Steuern (§ 274 Abs. 1 S. 2 HGB).

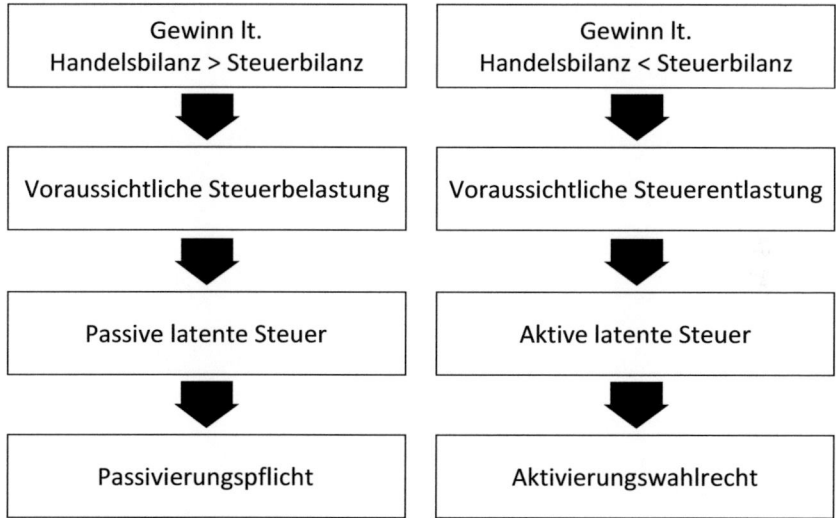

Abbildung 31: Aktive und passive latente Steuern

Die Bilanzierung latenter Steuern folgt seit dem BilMoG dem sog. Temporary-Konzept. Danach werden drei verschiedene Arten von Gewinndifferenzen unterschieden:

- **Zeitlich-begrenzte Differenzen:** sind Gewinnunterschiede, die sich im Zeitablauf automatisch ausgleichen werden. Ursachen, die zu einer Steuererhöhung in den ersten Perioden führen, reduzieren die Steuerlast in späteren Jahren und vice versa.

Beispiel: Die Willy-Brause AG kauft eine Maschine, deren wirtschaftliche (handelsrechtliche) Nutzungsdauer auf vier Jahre geschätzt wird. Die AfA-Tabellen des deutschen Steuerrechts sehen für die Maschine hingegen eine Nutzungsdauer von sechs Jahren vor. Aufgrund der geringeren Abschreibungsbeträge fällt der Gewinn der Steuerbilanz und damit die tatsächlich zu zahlende Steuerlast höher aus als nach handelsrechtlichem Ergebnis. In den ersten vier Jahren sammelt sich eine zukünftige Steuerentlastung (aktive latente Steuer) an, die sich im fünften und sechsten Jahr auflöst.

- **Quasi-permanente Differenzen:** sind Gewinnunterschiede, die sich nicht automatisch, sondern nur aufgrund einer Zusatzentscheidung bzw. einer Handlung des Bilanzierenden oder durch die Liquidation des Unternehmens ausgleichen.

Beispiel: Die Willy-Brause AG kaufte vor Jahren ein Grundstück für 1 Mio. €. Steuerlich mussten Wertberichtigungen auf 800.000 € vorgenommen werden, die handelsrechtlich nicht notwendig waren. Grundstücke werden aufgrund ihrer unbestimmten Nutzungsdauer nicht planmäßig abgeschrieben. Die Differenz von 200.000 € löst sich somit erst auf, wenn der Bilanzierende die Entscheidung zum Verkauf des Grundstückes trifft.

- **Permanente Differenzen:** sind Gewinnunterschiede, die sich niemals ausgleichen werden, weil der zugrunde liegende Sachverhalt im Steuerrecht zu keinem Zeitpunkt relevant wird. Sie entstehen vor allem dann, wenn bestimmte Aufwendungen im Steuerrecht nicht als Betriebsausgabe anerkannt oder bestimmte Erträge von der Besteuerung ausgenommen werden.

Beispiel: Die Vergütung des Aufsichtsrates der Willy-Brause AG wird im Handelsrecht vollständig als Aufwand erfasst. Im deutschen Steuerrecht sind Aufsichtsratsvergütungen jedoch nach § 10 Nr. 4 KStG nur zur Hälfte abzugsfähig.

Die Bildung von latenten Steuern setzt nach § 274 Abs. 1 S. 1 HGB voraus, dass sich die Differenzen zwischen steuerlichem und handelsrechtlichem

Ergebnis in den späteren Geschäftsjahren voraussichtlich abbauen werden. Auf die Bestimmung des genauen Zeitpunktes, zu dem sich die Differenz voraussichtlich auflösen wird, kommt es jedoch nicht an. Aus diesem Grund dürfen latente Steuern nur für zeitlich-begrenzte und quasi-permanente Gewinnunterschiede angesetzt werden. Permanente Differenzen sind indes nicht zu berücksichtigen, da sie aufgrund des fehlenden Ausgleiches keine voraussichtliche Steuerentlastung oder Steuerbelastung darstellen.

Neben zeitlichen und quasi-permanenten Gewinnunterschieden sind bei der Berechnung von aktiven latenten Steuern auch steuerliche Verlustvorträge zu erfassen, sofern sie innerhalb der nächsten fünf Jahre mit dem für diese Perioden zu erwartenden steuerpflichtigen Einkommen verrechnet werden können (§ 274 Abs. 1 S 4 HGB). Voraussetzung hierfür ist eine hinreichend sichere Realisierbarkeit der Verlustvorträge. Mit Hilfe von Planungsrechnungen muss plausibel dargelegt werden, dass mit einer hohen Wahrscheinlichkeit künftig ein zu versteuerndes Ergebnis zur Verfügung stehen wird, auf das die noch nicht genutzten steuerlichen Verluste anrechenbar sind.

Sollen Gewinnausschüttungen vorgenommen werden, ist die Ausschüttungssperre des § 268 Abs. 8 HGB für aktive latente Steuern zu beachten. Danach dürfen Gewinne maximal bis zu einer Höhe ausgeschüttet werden, bei der ein die passiven latenten Steuern übersteigender Betrag aktiver latenter Steuern immer noch durch frei verfügbare Rücklagen (zzgl. Gewinnvortrag und abzgl. Verlustvortrag) abgedeckt ist.

> **Beispiel:** Ein Auszug aus der Bilanz der Willy-Brause AG enthält folgende Informationen: Aktive latente Steuern 30.000 €, andere Gewinnrücklagen 100.000 €, Jahresüberschuss 50.000 €, passive latente Steuern 20.000 €. Der maximal ausschüttungsfähige Betrag beläuft sich auf 140.000 € (= 150.000 € ./. (30.000 € ./. 20.000 €)).

Hinsichtlich des Bilanzausweises besteht ein Wahlrecht, aktive und passive latente Steuern getrennt zu bilanzieren oder aber zu saldieren und nur den Differenzbetrag auszuweisen (§ 274 Abs. 1 S. 3 HGB). Wird von dem Saldierungswahlrecht Gebrauch gemacht, sind die aktiven latenten Steuern zwingend in die Berechnung mit einzubeziehen. Das Aktivierungswahlrecht des § 274 Abs. 1 S. 2 HGB gilt in diesem Fall nur für den Betrag der aktiven latenten Steuern, der den Betrag der passiven latenten Steuern übersteigt.

> **Beispiel:** Die Willy-Brause AG verfügt in ihrer Bilanz über 50.000 € an aktiven und 40.000 € an passiven latenten Steuern. Aus bilanzpolitischen Gründen sollen die latenten Steuern nur saldiert ausgewiesen werden. Das Unternehmen hat nun ein Wahlrecht, 10.000 € als aktive latente Steuer anzusetzen oder diese gar nicht zu bilanzieren.

Die Bewertung der latenten Steuern erfolgt mit dem unternehmensindividuellen Steuersatz (§ 274 Abs. 2 S. 1 HGB). Dabei ist der Steuersatz anzuwenden, der voraussichtlich zum Zeitpunkt der Erfüllung der künftigen Steuerschuld bzw. Realisation der künftigen Forderung gelten wird. Da solche zukünftigen Steuersätze nur schwer vorherzusagen sind, wird aus Praktikabilitätsgründen häufig auf den aktuellen Steuersatz abgestellt. Die Auflösung der latenten Steuern muss erfolgen, sobald die Steuerbelastung bzw. Steuerentlastung eintritt oder nicht mehr mit ihr zu rechnen ist. Ein dabei entstehender Aufwand oder Ertrag ist in der Gewinn- und Verlustrechnung gesondert unter dem Posten „Steuern vom Einkommen und vom Ertrag" auszuweisen (§ 274 Abs. 2 HGB).

14.2 Rechnungsabgrenzungsposten

Der Grundsatz der periodengerechten Gewinnermittlung verlangt, dass in einem Geschäftsjahr alle Aufwendungen und Erträge erfasst werden, die in diesem Jahr auch verursacht worden sind und somit wirtschaftlich zu diesem gehören. Vorgänge, die wirtschaftlich nicht in dieses Geschäftsjahr gehören, dürfen dagegen grundsätzlich nicht berücksichtigt werden. Daher sind Aufwendungen und Erträge möglichst nach ihrer wirtschaftlichen Zugehörigkeit zu verbuchen. Das heißt, Aufwendungen und Erträge des Geschäftsjahres sind unabhängig von den Zeitpunkten der entsprechenden Zahlungen zu berücksichtigen (§ 252 Abs. 1 Nr. 5 HGB). Vielmehr müssen diese im Zeitpunkt ihrer Entstehung erfasst werden.

Rechnungsabgrenzungsposten werden immer dann zu einem Bilanzstichtag gebildet, wenn im laufenden Geschäftsjahr bereits Einnahmen bzw. Ausgaben erfolgt sind, welche Ertrag bzw. Aufwand für eine bestimmte Zeit nach dem Bilanzstichtag darstellen (§ 250 HGB). Folglich werden die Rechnungsabgrenzungsposten auch als transitorische Posten (lat.: transire

= hinübergehen) bezeichnet. Rechnungsabgrenzungsposten können in der Bilanz sowohl auf der Aktivseite nach den Vermögensgegenständen als auch auf der Passivseite nach dem Eigen- und dem Fremdkapital erscheinen (§ 266 Abs. 2 C u. Abs. 3 D HGB). Daher wird zwischen aktiven und passiven Rechnungsabgrenzungsposten unterschieden. Aktive und passive Rechnungsabgrenzungsposten dürfen gem. § 246 Abs. 2 HGB nicht miteinander verrechnet werden, sondern müssen getrennt in der Bilanz ausgewiesen werden.

14.2.1 Aktive Rechnungsabgrenzungsposten

Bei den aktiven Rechnungsabgrenzungsposten (ARAP) handelt es sich um Ausgaben, die bis zum Bilanzstichtag geleistet werden, aber erst Aufwand für eine bestimmte Zeit nach diesem Abschlussstichtag darstellen (§§ 250 Abs. 1 HGB, 5 Abs. 5 S. 1 Nr. 1 EStG). Die zugrundeliegenden Ausgaben, die in die nächste Periode zu übertragen sind, finden sich auf der Aktivseite wieder, weil diese einen Forderungscharakter besitzen. Falls der Zahlungsempfänger die vereinbarte Gegenleistung (z. B. Bereitstellung der Mietsache) nicht erbringt bzw. die Leistung – soweit vertraglich möglich – nicht in Anspruch genommen wird, hat das zahlende Unternehmen i. d. R. Anspruch auf Rückzahlung des relevanten Betrages (z. B. Erstattung der zu viel gezahlten Kfz-Steuer).

Beispiel: Unternehmer Willy Brause überweist die betriebliche Miete i. H. v. 1.000 € für Januar 02 bereits im Dezember 01 (die Umsatzsteuer sei an dieser Stelle noch vernachlässigt).

1. Buchung im Dezember 01:

    Mietaufwand   1.000 € an Bank   1.000 €

Durch die Sollbuchung auf dem Mietaufwandskonto wird der Gewinn des Jahres 01 um 1.000 € gemindert, obwohl die Mietzahlung – wirtschaftlich betrachtet – einen Aufwand des Jahres 02 darstellt. Deshalb muss die Erfolgswirkung aus Buchung durch eine zweite Buchung zum Bilanzstichtag korrigiert werden.

---

2. Buchung zum 31.12.01:

ARAP   1.000 € an Mietaufwand   1.000 €

Um die vorherige Sollbuchung zu neutralisieren, muss nun eine Habenbuchung auf dem Mietaufwandkonto erfolgen. Die Gegenbuchung erfolgt auf dem Konto „Aktiver Rechnungsabgrenzungsposten", welches dann über das Schlussbilanzkonto abgeschlossen wird (Buchungssatz: SBK an ARAP). Die Habenbuchung auf dem Bestandskonto „Bank" darf nicht angepasst werden, weil das Geld durch die Überweisung bereits im Jahr 01 abgeflossen ist.

3. Buchung im Januar 02:

Mietaufwand   1.000 € an ARAP   1.000 €

Im Januar 02 wird zunächst das Konto „Aktiver Rechnungsabgrenzungsposten" mit dem Saldo des alten Jahres auf der Sollseite eröffnet und anschließend über das Mietaufwandskonto aufgelöst. Dadurch weist das Mietaufwandskonto nun die Miete für Januar 02 periodengerecht aus.

Bei der Bebuchung des Kontos „Aktiver Rechnungsabgrenzungsposten" kann auch insofern direkt vorgegangen werden, als die Buchungen 1. und 2. zusammengefasst werden können. Hieraus resultiert dann der Buchungssatz:

ARAP   1.000 € an Bank   1.000 €

14.2.2 Passive Rechnungsabgrenzungsposten

Passive Rechnungsabgrenzungsposten (PRAP) sind für Einnahmen zu bilden, die bis zum Bilanzstichtag zugeflossen sind, aber erst Ertrag für eine bestimmte Zeit nach diesem Abschlussstichtag darstellen (vgl. §§ 250 Abs. 2 HGB, 5 Abs. 5 S. 1 Nr. 2 EStG). Die zugrundeliegenden Erträge, die in die nächste Periode gehören, finden sich auf der Passivseite wieder, weil diese einen Verbindlichkeitscharakter haben. Falls ein Kaufmann (der Zahlungsempfänger) die vereinbarte Gegenleistung nicht erbringen kann bzw. die Leistung wiederum − soweit vertraglich möglich − nicht in Anspruch genommen wird, dann hat der Vertragspartner i. d. R. Anspruch auf Rückzahlung des bereits überwiesenen Betrages.

Beispiel: Unternehmer Willy Brause wurden von der Bank bereits im Dezember 01 die Zinsen i. H. v. 500 € für das erste Quartal des Jahres 02 gutgeschrieben.

1. Buchung im Dezember 01:
   Bank   500 €   an   Zinsertrag   500 €

Die Habenbuchung auf dem Zinsertragskonto erhöht der Gewinn des Jahres 01 um 500 €, obwohl die Zinsgutschrift wirtschaftliche betrachtet einen Ertrag des Jahres 02 darstellt. Deshalb muss die Erfolgswirkung dieser Buchung durch eine zweite Buchung zum Bilanzstichtag rückgängig gemacht werden.

2. Buchung zum 31.12.01:
   Zinsertrag   500 €   an   PRAP   500 €

Die vorherige Habenbuchung wird neutralisiert durch die zweite Buchung auf dem Zinsertragskonto. Die Gegenbuchung erfolgt auf dem Konto „Passiver Rechnungsabgrenzungsposten", welches dann über das Schlussbilanzkonto abgeschlossen wird (Buchungssatz: PRAP an SBK). Die Sollbuchung auf dem Bestandskonto „Bank" darf nicht rückgängig gemacht werden, weil das Geld durch die Überweisung bereits im Jahr 01 zugeflossen ist.

3. Buchung im Januar 02:
   PRAP   500 €   an   Zinsertrag   500 €

Im Januar 02 wird zunächst das Konto „Passiver Rechnungsabgrenzungsposten" mit dem Saldo des alten Jahres auf der Habenseite eröffnet und anschließend über das Zinsertragskonto aufgelöst. Dadurch weist das Zinsertragskonto nun die Zinsgutschrift für Januar 02 periodengerecht aus.
Auch beim Buchen auf dem Konto „Passiver Rechnungsabgrenzungsposten" kann direkt vorgegangen werden. Aus der Zusammenfassung der

---

Buchungen 1. und 2. resultiert im Beispiel:

Bank   500 €   an PRAP   500 €

15 Gewinn- und Verlustrechnung

15.1 Grundlagen

Gem. § 242 Abs. 2 HGB besteht, neben der Verpflichtung am Ende eines jeden Geschäftsjahres mit Hilfe der Bilanz das Verhältnis seines Vermögens und seiner Schulden darzustellen, für alle buchführungspflichtigen Kaufleute die Pflicht eine Gewinn- und Verlustrechnung aufzustellen. Beide stehen nach § 242 Abs. 3 HGB gleichrangig nebeneinander und bilden gemeinsam den Jahresabschluss. Das System der doppelten Buchführung verbindet sie unmittelbar miteinander. Dies bedeutet, Bilanzierungs- und Bewertungsentscheidungen wirken sich direkt auf die Gewinn- und Verlustrechnung aus und umgekehrt stehen den Aufwendungen und Erträgen immer entsprechende Änderungen der Aktiva und Passiva gegenüber.

Zur Ermittlung des Periodenerfolgs nutzen die Bilanz und die Gewinn- und Verlustrechnung unterschiedliche Wege, aber am Ende weisen sie den Erfolg immer in gleicher Höhe aus. Der Erfolg errechnet sich mit Hilfe der Bilanz als Differenz aus dem vorhandenen Eigenkapital zum Bilanzstichtag der aktuellen Periode abzüglich des Eigenkapitals zum Bilanzstichtag der Vorperiode korrigiert um Einlagen und Entnahmen. Die Gewinn- und Verlustrechnung dagegen stellt die innerhalb einer Periode angefallenen Erträge und Aufwendungen einander gegenüber (§ 275 HGB). Der Periodenerfolg ergibt sich also als Differenz zwischen Erträgen und Aufwendungen der jeweiligen Periode. Die Bilanz stellt folglich eine Zeitpunktrechnung und die Gewinn- und Verlustrechnung eine Zeitraumrechnung dar.

Zeitpunktrechnung (T€)			Zeitraumrechnung (T€)	
A Bilanz zum 31.12.01 **P**			Gewinn- und Verlustrechnung vom 01.01 bis 31.12.02	
AV	500	EK 750		
UV	250		Erträge	
	750	750	Umsatzerlöse	1.000
			S. Erträge	250
A Bilanz zum 31.12.02 **P**			./. Aufwendungen	
			Materialaufwand	750
AV	450	EK 700	S. Aufwendungen	500
UV	250		Abschreibungen	50
	700	700	= JÜ/JF	- 50
	EK 02	700		
./.	EK 01	750		
=	JÜ/JF	- 50		

Abbildung 32: Zeitpunkt- und Zeitraumrechnung

Beispiel: Brause besitzt ein vollständig eigenfinanziertes Vermögen i. H. v. 750 €, das sich aus Anlagevermögen im Wert von 500 € und Umlaufvermögen im Wert von 250 € zusammensetzt. Im Geschäftsjahr 02 erzielt er Umsatzerlöse i. H. v. 1.000 GE sowie sonstige Erträge i. H. v. 250 €. Den Erträgen stehen Materialaufwendungen und sonstige Aufwendungen i. H. v. 750 € bzw. 500 € gegenüber. Am Ende des Geschäftsjahres berücksichtigt er Abschreibungen auf das Anlagevermögen im Wert von 50 €.

Die Berücksichtigung der Abnutzung des Anlagevermögens führt dazu, dass zum einen dazu, dass der Wert des Anlagevermögens und damit das Gesamtvermögen sinkt und zum anderen wirkt sich dieses gleichzeitig negativ auf die Gewinn- und Verlustrechnung aus.

Während die Bilanz den Überschuss bzw. Fehlbetrag einer Periode als saldierte Eigenkapitaländerung darstellt, zeigt die Gewinn- und Verlustrechnung deren Zustandekommen nach Art, Höhe und Quellen an. So erlaubt sie einen zuverlässigen Einblick in die Ertragslage einer Unternehmung. Zudem liefert sie durch Darstellung der erfolgsbeeinflussenden Aufwands- und Ertragsarten die Möglichkeit, die einzelnen Erfolgskomponenten besser zu analysieren sowie deren Nachhaltigkeit einzuschätzen.

15.2 Gliederungsschemata

15.2.1 Allgemeine Vorgaben

Für Kaufleute und Personengesellschaften existieren bzgl. des Aufbaus der Gewinn- und Verlustrechnung keine zwingenden Vorschriften. Es stehen zwei Gliederungsverfahren zur Verfügung. Grundsätzlich kann die Darstellung in der „traditionellen" Kontoform oder in der Staffelform vorgenommen werden. Erstere stellt den Aufwendungen auf der Sollseite die Erträge auf der Habenseite gegenüber. Der Saldo der beiden Seiten gibt die Höhe des Periodenerfolgs an. Durch diese konsequente Trennung zwischen Aufwendungen und Erträgen können die jeweiligen Summen leichter gebildet werden, als bei der Staffelform.

Letztere dagegen ordnet die Aufwendungen und Erträge fortlaufend an und erleichtert so i. V. z. Kontoform die Bildung von Zwischensummen. Durch den Aufbau über mehrere Stufen erscheint die Staffelform übersichtlicher und besitzt eine erhöhte Aussagekraft. Zusätzlich verbessern die Zwischenergebnisse die Beurteilungsmöglichkeiten des Unternehmenserfolges. Bspw. können sie zur Kennzahlenberechnung verwendet werden. Welche Methode schlussendlich gewählt wird, ist für die Erfolgsermittlung unerheblich, da beide denselben Inhalt nur unterschiedlich darstellen. In der Praxis setzte sich die weitgehende Anlehnung an die Vorschriften für Kapitalgesellschaften durch.

15.2.2 Vorgaben für Kapitalgesellschaften und bestimmte Personenhandelsgesellschaften

Während - wie bereits erwähnt - die allgemein geltenden Vorschriften des Handelsgesetzbuchs keine exakten Bestimmungen über die Gliederung der Gewinn- und Verlustrechnung enthalten, existieren für Kapital-und Personenhandelsgesellschaften sehr detaillierte Gliederungsvorschriften. Sie schreiben die Staffelform zwingend vor und legen darüber hinaus die genaue Reihenfolge der einzelnen Posten fest (§ 275 Abs. 1 bis 3 HGB). Der konkrete Gliederungsaufbau allerdings hängt davon ab, ob der Bilanzersteller seine Erfolgsrechnung nach dem Gesamtkostenverfahren (§ 275

Abs. 2 HGB) oder Umsatzkostenverfahren (§ 275 Abs. 3 HGB) vornimmt. Der Gesetzgeber räumt den Buchführungspflichtigen hier ein Wahlrecht ein (§ 275 Abs. 1 HGB). Abweichungen erlaubt das Gesetz nur für das Weglassen von Leerpositionen oder das Einfügen zusätzlicher Posten, sofern sie einen besseren Einblick in die Ertragslage des Unternehmens gewähren. Dabei muss das Gebot der Klarheit und Übersichtlichkeit gem. § 243 Abs. 2 HGB eingehalten werden.

Kleinen und mittleren Kapitalgesellschaften gewährt der Gesetzgeber außerdem größenabhängige Erleichterungen. Sie dürfen durch Postenzusammenfassung vom gesetzlich vorgeschriebenen Gliederungsschema abweichen (§ 276 HGB). Die Zusammenfassung darf bereits bei der Aufstellung der Gewinn- und Verlustrechnung erfolgen. In der Folge bleiben auch Gesellschaftern wichtige Informationen vorenthalten, wobei die Auskunftsrechte der Aktionäre gem. § 131 Abs. 1 AktG zu beachten sind. Das verkürzte Schema darf auch für Zwecke der Offenlegung genutzt werden. Für Kleinstkapitalgesellschaften bestehen noch weiter gehende Erleichterungen (§§ 276 i. V. m. 275 Abs. 5 HGB).

15.2.3 Gesamtkostenverfahren und Umsatzkostenverfahren

15.2.3.1 Gesamtkostenverfahren

Die nach dem Gesamtkostenverfahren ermittelte Gewinn- und Verlustrechnung heißt auch Produktionskostenrechnung. Es gliedert das Betriebsergebnis nach den Produktionsfaktoren Werkstoffe, Arbeit und Betriebsmittel unter Berücksichtigung von Bestandsveränderungen.

Bis zum 01. Januar 1986 durfte in Deutschland das Betriebsergebnis allein nach dem Gesamtkostenverfahren bestimmt werden. Zu diesem Zweck werden sämtliche in der Periode erzielten Betriebserträge, Bestandsveränderungen und aktivierte Eigenleistungen den gesamten in derselben Periode angefallenen Betriebsaufwendungen nach Aufwandsarten gegliedert gegenübergestellt.

Der so ermittelte Periodenerfolg ist nur dann richtig, wenn die produzierten und die abgesetzten Leistungen übereinstimmen. Auftretende Abweichungen, nehmen die Positionen Bestandsveränderungen und aktivierte Eigenleistungen auf. Eine korrekte Erfassung des Periodenaufwandes legt den Abzug der Bestandserhöhung vom bzw. die Hinzurechnung der Bestandsminderung zum Periodenaufwand zugrunde. Das Gesamtkostenverfahren trägt Bestandserhöhungen mittels Hinzurechnung bzw. Bestandsminderungen mittels Abzug von den Umsatzerlösen Rechnung. Streng genommen führen Bestandsveränderungen nicht zur Erträgen i. S. d. Definition vielmehr stellen sie Korrekturposten zur Erfassung von Abweichungen zwischen Produktion und Absatz dar. Die Aufwendungen für die Bestandserhöhung repräsentieren keine Aufwendungen der abgelaufenen Periode, sondern der kommenden Perioden. Dieses Vorgehen führt zum Ausweis von Aufwand, der entsprechend der Abgrenzungsgrundsätzen nach der Sache und der Zeit mangels realisierter Erträge nicht in der Gewinn- und Verlustrechnung auszuweisen wäre. Bestandsverminderungen wären im Gegensatz dazu dem Produktionsaufwand hinzuzurechnen, um den richtigen Periodenaufwand zu ermitteln. Technisch behilft sich das Gesamtkostenverfahren dagegen mit dem Abzug der Bestandsverminderung von den Umsatzerlösen, obwohl diese betriebswirtschaftlich eine Aufwandserhöhung darstellen.

Das Verfahren gewinnt seine Vorzüge aus seiner leichten Handhabbarkeit. Zur Aufstellung der Gewinn- und Verlustrechnung genügen das Saldieren der vorhandenen Aufwands- und Ertragskonten am Jahresende und die anschließende Gegenüberstellung der Kontosalden. Das Ergebnis bildet dann eine unsaldierte Bruttodarstellung der Ergebnisquellen gegliedert nach Aufwands- und Ertragsarten.

Für den Jahresabschlussersteller entsteht der Vorteil aus der Möglichkeit, die Aufwandsarten unmittelbar aus der Finanzbuchhaltung zu bestimmen. Nur die Erfassung und Bewertung von Beständen sowie den aktivierten Eigenleistungen zu Herstellungskosten erfordern Daten der Kostenrechnung oder die Nutzung anderer Bewertungsmethoden, die eine den Gesetzen entsprechende Wertermittlung gewährleisten.

Für den Jahresabschlussadressaten erwachsen die Vorteile dieses Verfahrens aus dem unmittelbaren Ausweis und der unmittelbaren Ergebniswirksamkeit der Bestandsveränderungen. Insbesondere bei nachlassender Konjunktur verbessern die aktivierten Herstellungskosten den Periodengewinn. Außerdem ermöglicht die Vollkostenbewertung das Aktivieren von Fixkosten, welche sich sonst ergebnismindernd ausgewirkt hätten. Die sich daraus ergebenden Risiken kann der Jahresabschlussadressat so sofort erkennen. Zusätzlich gestattet diese Strukturierung des Erfolgs einen Rückschluss auf dessen zukünftige Entwicklung, bspw. durch die Beobachtung der Preisänderung für Produktionsfaktoren und deren möglichen Auswirkungen auf das Ergebnis.

Beispiel: Die Brause GmbH berechnet ihren Erfolg für das abgelaufene Geschäftsjahr mit Hilfe des Gesamtkostenverfahrens. Dafür hat sie folgende Größen ermittelt:

- Umsatzerlöse 15.000 €,
- Personalaufwand 7.500 €, davon 4.750 € für die Produktion und 2.750 € für den Vertrieb,
- Materialaufwand 5.500 € und
- Materialbestandserhöhung von 1.100 € auf 1.800 €.

Umsatzerlöse		15.000 €
Bestandserhöhung	700 €	15.700 €
Gesamtkosten der Produktion		
Materialaufwand	5.500 €	
Personalaufwand	7.500€	./. 13.000 €
Jahresüberschuss		= 2.700 €

15.2.3.2 Umsatzkostenverfahren

Das Umsatzkostenverfahren, als das weltweit dominierende Gewinnermittlungsverfahren, ist in der deutschen externen Rechnungslegung noch relativ neu. Mit der Verabschiedung des Bilanzrichtliniengesetzes vom 19. Dezember 1985 räumt der Gesetzgeber dem Jahresabschlussersteller ein Wahlrecht zwischen dem Umsatzkostenverfahren und dem bereits erläuterten Gesamtkostenverfahren (§ 275 Abs. 1 HGB) ein.

Nach Meinung des Gesetzgebers soll diese Gliederung der Aufwendungen und Erträge verdeutlichen, dass nur Umsatzvorgänge zu einer Gewinnerzielung befähigen und Transparenz darüber erzeugen, in welchem Funktionsbereich welche Aufwendungen anfielen. Zudem soll es den internationalen Vergleich vereinfachen, da das Umsatzkostenverfahren im angelsächsischen Raum dominiert, die Aufstellung von Konzernabschlüssen bei internationalen Konzernverflechtungen unterstützen und die Harmonisierungsmaßnahmen in der europäischen Union umsetzen.

Die Ermittlung des Periodenerfolgs vollzieht sich durch den Abzug der für den Umsatz angefallenen Kosten (Umsatzaufwand) von den in dem gleichen Zeitraum entstandenen Umsatzerlösen. Dieses Verfahren berücksichtigt Bestandsveränderungen oder aktivierte Eigenleistungen nicht. Um Verzerrungen zu vermeiden, dürfen die Kosten der Lagerproduktion nicht in der Gewinn- und Verlustrechnung erscheinen, sondern erst zum Zeitpunkt der Veräußerung berücksichtigt werden. In der Folge stehen dem Umsatz mengenmäßig adäquat angepasste Aufwandsposten gegenüber und dem Prinzip der Abgrenzung nach der Sache und der Zeit wird entsprochen.

Das Umsatzkostenverfahren bezieht seine Stärke aus der simplen Herleitung des Betriebsergebnisses. Die Umsatzerlöse gehen aus den Absatzmengen hervor, die Aufwendungen aus den in der Periode je Stück angefallenen Einzelkosten zzgl. Abschreibungen sowie Verwaltungs- und Vertriebskosten. Damit ist ein Abschluss der Bestandskonten entbehrlich. Durch diese Einfachheit lässt sich das Verfahren bspw. gut für die monatliche Ergebnisrechnung verwenden. Alternativ kann die Erfolgsrechnung nach dem Umsatzkostenverfahren auch aus der Gewinn- und Verlustrechnung nach dem Gesamtkostenverfahren, um die Kostenrechnung ergänzt werden.

Kritisch zu beurteilen ist, dass die geltende Regelung die Vergleichbarkeit zwischen verschiedenen Unternehmen generell beeinträchtigt. Darüber hinaus dürfte die Heterogenität der Herstellungskosten, z. B. durch die Möglichkeit der Anwendung der Teil- oder der Vollkostenrechnung, nicht die vom Gesetzgeber gewünschte Transparenz erzeugen.

Beispiel: Die Brause GmbH berechnet ihren Jahreserfolg dieses Mal nach dem Umsatzkostenverfahren. Sie legt ihren Berechnungen die gleichen Zahlen zu Grunde wie im vorangegangenen Beispiel:
- Umsatzerlöse 15.000 €,
- Personalaufwand 7.500 €, davon 4.750 € für die Produktion und 2.750 € für den Vertrieb,
- Materialaufwand 5.500 € und
- Materialbestandserhöhung von 1.100 € auf 1.800 €.

Umsatzerlöse		15.000 €
Herstellungskosten der abgesetzten Erzeugnisse		
Personal	4.750 €	
Materialaufwand (5.500 € ./. 700 € =)	4.800 €	9.550 €
Bruttoergebnis vom Umsatz		5.450 €
Vertriebskosten		2.750 €
Jahresüberschuss		2.700 €

(Die Bestandserhöhung im Wert von 700 € verringert beim UKV den Materialaufwand der in die Erstellungskosten eingeht.)

15.3 Posten der Gewinn und Verlustrechnung

15.3.1 Gliederung nach dem Gesamtkostenverfahren

Die Gliederung des Gesamtkostenverfahrens legt § 275 Abs. 2 HGB fest. Strukturelle Unterschiede zum Umsatzkostenverfahren bestehen nur bis zur Position „sonstige betriebliche Aufwendungen". Demzufolge beschränken sich die Abweichungen damit auf den Bereich des Betriebsergebnisses und entstehen durch die Gliederung des Umsatzkostenverfahrens nach den Nutzungsbereichen (Produktion, Vertrieb und Verwaltung). Darum werden die Positionen des Betriebsergebnisses für das jeweilige Rechenverfahren getrennt und die übrigen Positionen gemeinsam dargestellt.

1. Umsatzerlöse

Den Begriff der Umsatzerlöse definiert § 277 Abs. 1 HGB. Danach zählen zu den Umsatzerlösen alle Erträge, die aus dem Verkauf und der Vermietung oder der Verpachtung von Produkten sowie aus der Erbringung von Dienstleistungen stammen. Erlösschmälerungen und die Umsatzsteuer sowie sonstige direkt mit dem Umsatz verbundene Steuern sind abzuziehen. Vor dem BilRUG wurde bei der Umsatzdefinition auf die Merkmale „gewöhnliche Geschäftstätigkeit" sowie „typische Erzeugnisse" abgestellt. Durch das BilRUG sind die früheren Merkmale entfallen. Dies führt zu einer Ausweitung der Umsatzdefinition, da nun auch alle nicht gewöhnlichen Tätigkeiten und nicht typischen Erzeugnisse als Umsatzerlöse auszuweisen sind.

Beispiel: Das Möbelunternehmen EKJAH erzielt im abgelaufenen Geschäftsjahr Erlöse aus dem Verkauf der Möbel i. H. v. 800.000 € netto. Zusätzlich wurden in der Kantine Speisen i. H. v. 200.000 € netto verkauft.

Sowohl die Erlöse aus dem Verkauf der Möbel als auch die Erlöse aus dem Verkauf der Speisen sind als Umsatzerlöse zu erfassen. Somit betragen die Umsatzerlöse 1.000.000 €.

2. **Erhöhung oder Verminderung des Bestands an fertigen und unfertigen Erzeugnissen**

Die maßgebenden Größen der Bestandsveränderungen bei fertigen und unfertigen Erzeugnissen bilden gem. § 277 Abs. 2 HGB sowohl Wert- als auch Mengenänderungen. Mengenänderungen entstehen immer dann, wenn die Produktionsmenge und die Absatzmenge voneinander abweichen. Die Berücksichtigung von Wertänderungen erfolgt z. B. durch Zu- oder Abschreibungen auf Grund des Niederstwertprinzips. Die Höhe der Wertberichtigungen beschränkt sich allerdings auf die üblichen Abschreibungen. Die darüber hinaus gehenden Abschreibungen weist Position 7b des Gliederungsschemas gesondert aus. Damit zeigt der Gesetzgeber, dass er soweit wie möglich auf alle ungewöhnlichen Vorgänge aufmerksam machen will.

Beispiel: Die Brause GmbH kann nicht alle Spielzeuge verkaufen, sodass der Lagerbestand um 1.200 € steigt. Durch die Lagerung entstehen minimale Schäden an den Waren, sodass die Unternehmung jährlich 5 % des Lagerbestandes abschreibt.

Die Zunahme der gelagerten Spielzeuge ist als Bestandserhöhung in der Form einer Mengenänderung zu erfassen. Die bei der Lagerung entstehenden Schäden entsprechen den i. R. d. Geschäftstätigkeit üblichen Wertberichtigungen und werden ebenfalls an dieser Stelle erfasst.

3. **Andere aktivierte Eigenleistungen**

Die anderen aktivierten Eigenleistungen nehmen die selbsterstellten Sachanlagen und die aktivierten Aufwendungen für die Ingangsetzung und Erweiterung des Geschäftsbetriebes auf. Daneben werden an dieser Stelle

Bestandsveränderungen selbsterstellter Roh-, Hilfs- und Betriebsstoffe, soweit sie keine fertigen oder unfertigen Erzeugnisse darstellen, und die in den aktivierten Eigenleistungen enthaltenen Aufwendungen für bezogene Materialien und Leistungen festgehalten.

Dieses Vorgehen ist geboten, da bei der Erstellung von Eigenleistungen Aufwand für bspw. Löhne und Material entsteht. Dieser ist in den Ausgleichsposten zu buchen, damit die betriebliche Leistung nicht zu niedrig ausgewiesen wird.

> **Beispiel:** Zur Ausweitung der Kapazität lässt Brause seine Mitarbeiter eine Maschine erstellen. Dafür fallen Materialkosten und Löhne i. H. v. 10.000 € und 3.700 € an.
> Beide Positionen zusammen repräsentieren die Herstellungskosten der Maschine. Diese wird in der Bilanz aktiviert und führt zu einem Ertrag i. H. v. 13.700 €, während die Materialkosten und Löhne unter Material- und Personalaufwand erfasst werden. Damit ist die Erbringung dieser Eigenleistung erfolgsneutral und steht dem Kauf einer Maschine aus Erfolgssicht gleich.

4. Sonstige betriebliche Erträge

Bei den sonstigen betrieblichen Erträgen handelt es sich um eine typische Sammelposition, die eine Vielzahl heterogener Einzelgrößen aufnimmt. Hier werden alle regelmäßig auftretenden Erträge verzeichnet soweit sie für das Unternehmen keine Umsatzerlöse darstellen und nicht dem Finanzergebnis zugehörig sind. Dabei kann es sich bspw. um Erträge aus Herabsetzung oder Auflösung von Rückstellungen oder um Erträge aus Zuschreibungen zu Gegenständen des Anlagevermögens handeln.

5. Materialaufwand

Der Materialaufwand setzt sich aus zwei Unterpositionen zusammen. Zum einen den Aufwendungen für Roh-, Hilfs- und Betriebsstoffe sowie bezogene Waren und zum anderen den Aufwendungen für bezogene Leistungen. Unter der ersten Position werden die gesamten Materialaufwendungen für die Fertigung und auch die üblichen Bewertungsdifferenzen registriert. Letztere nimmt die bezogenen Leistungen auf, sofern sie mit dem Leistungsprozess in Verbindung stehen. Auch der Materialaufwand für andere Bereiche wird einbezogen, der ggf. in Position 8 erfasst werden könnte. Dabei ist auf die Ausweisstetigkeit (§ 265 Abs. 1 HGB) zu achten.

Beispiel: Die Willy-Brause GmbH produziert Holzspielzeug und benötigt dafür Holz im Wert von 13.400 €, Klebstoff im Wert von 200 € und Lack im Wert von 1.900 €.
Im abgelaufenen Geschäftsjahr entsteht damit ein Materialaufwand i. H. v. 15.500 €.

---

6. Personalaufwand

Unter Personalaufwand sind gesondert zu dokumentieren, die Löhne und Gehälter sowie die Sozialabgaben und Aufwendungen für Altersversorgung und für Unterstützung. Löhne und Gehälter schließt dabei die Entlohnung aller im Betrieb beschäftigten Arbeiter, Angestellten sowie die Mitglieder des Vorstandes bzw. der Geschäftsführung ein. Der Ausweis erfolgt als Bruttogröße, also vor Steuern und Arbeitnehmeranteilen zur Sozialversicherung und ohne Rücksicht auf den Zeitpunkt der Zahlung.

Die Position soziale Abgaben und Aufwendungen für Altersversorgung und für Unterstützung beinhaltet die gesetzlich vorgeschriebenen Beiträge zur Sozialversicherung, daneben die Aufwendungen für die Unterstützung also bspw. Krankheits- oder Unfallbeihilfen, die gegenwärtigen oder früheren Beschäftigten oder deren Hinterbliebenen gewährt werden und die Aufwendungen für die Altersversorgung. Die Altersversorgung ist von dieser Sammelposition abzusetzen und berücksichtigt im abgelaufenen Geschäftsjahr getätigte Zahlungen an gegenwärtige Pensionäre, soweit keine Rückstellungen gebildet wurden, Einstellungen in die Rückstellungen für zukünftige Pensionäre, Zuwendungen an Pensionskassen zu Gunsten zukünftiger Pensionäre und Prämien zur Lebensversicherung für zukünftige Pensionäre.

7. Abschreibungen

Die Position Abschreibungen kann ebenfalls in zwei Unterposten zerfallen. Grundsätzlich setzt sie sich aus den Abschreibungen auf immaterielle Vermögensgegenstände und auf Sachanlagen des Anlagevermögens eines Geschäftsjahres zusammen. Sollten außerplanmäßige Abschreibungen vorgenommen worden sein, sind diese gem. §§ 277 Abs. 3 i. V. m. 253 Abs. 3 S. 5 u. 6 HGB gesondert auszuweisen oder im Anhang anzugeben. Der zusätzliche Unterposten Abschreibungen auf Vermögensgegenstände des Umlaufvermögens, soweit diese die in der Kapitalgesellschaft üblichen Abschreibungen überschreiten, muss gem. §§ 277 Abs. 3 S. 1 HGB i. V. m. 253 Abs. 4 HGB gebildet werden, wenn solche Abschreibungen vorliegen. Üblich bedeutet in diesem Zusammenhang, dass es sich um Größenordnungen handelt, die regelmäßig bzw. häufig auftreten.

Beispiel: Die Brause GmbH stellt im Laufe des Geschäftsjahres fest, dass der Hersteller das Holz für die eingelagerten Spielzeuge falsch verarbeitet hat. Diese können nur noch zum halben Preis verkauft werden.
Die Wertminderung durch die fehlerhafte Verarbeitung ist nicht üblich und wird damit bei den Abschreibungen erfasst.

---

8. Sonstige betriebliche Aufwendungen

Bei den sonstigen betrieblichen Aufwendungen handelt es sich, analog zu den sonstigen betrieblichen Erträgen, ebenfalls um eine Sammelposition. Alle Aufwendungen aus der gewöhnlichen Geschäftstätigkeit und auch aperiodische Aufwendungen, soweit sie nicht in den vorhergehenden Posten und nicht dem Finanzergebnis zu gehörig sind, werden hier gebucht. An dieser Stelle sind bspw. Aufwand für die Rückstellungsbildung, Mieten, Pachten, Beiträge, Gebühren, Versicherungen, Werbe-, Reise- und Vertreterkosten, Bürokosten, Verluste aus dem Abgang von Vermögensgegenständen des Anlage- und Umlaufvermögens, Bankgebühren, Zeitschriften, Bücher, Leasingraten, Provisionen, Spenden, Transportkosten, Wartungskosten und Steuerstrafen zu erfassen.

9. Erträge aus Beteiligungen, davon aus verbundenen Unternehmen

An dieser Stelle werden alle laufenden Erträge aus dem Bilanzposten Beteiligungen sowie den Anteilen an verbundenen Unternehmen also bspw. Dividenden, Gewinnanteile von Personengesellschaften oder Zinsen aus beteiligungsähnlichen Darlehen verbucht. Nicht dazu gehören Gewinne aus Beteiligungsveräußerungen. Sie stellen i. d. R. sonstige betriebliche Erträge dar. Erträge aus verbundenen Unternehmen i. S. d. § 271 HGB müssen durch einen „davon-Vermerk" hervorgehoben werden.

10. Erträge aus anderen Wertpapieren und Ausleihungen des Finanzanlagevermögens, davon aus verbundenen Unternehmen

Alle übrigen Erträge aus langfristig gehaltenen Anteilen sowie sämtliche Ausleihungen werden hier zusammengefasst. Darunter fallen bspw. Zinsen, Dividenden und ähnliche Ausschüttungen auf Wertpapiere des Anlagevermögens wie Aktien und Anleihen sowie Zinserträge aus Ausleihungen des Finanzanlagevermögens. Nicht dazugehören auch hier Veräußerungsgewinne. Sie gehören i. d. R. ebenfalls zu den sonstigen betrieblichen Erträgen. Erträge aus verbundenen Unternehmen sind ebenfalls durch einen „davon-Vermerk" hervorzuheben.

11. Sonstige Zinsen und ähnliche Erträge, davon aus verbundenen Unternehmen

Zinsen für Guthaben, auf Termingelder und Spareinlagen sowie anderen Anlagen bei Kreditinstituten, Zinsen aus Forderungen und Darlehen an Dritte soweit sie keine Finanzanlagen darstellen und Zinsen, Dividenden und ähnliches auf Wertpapiere des Umlaufvermögens weist diese Position aus. Die von verbundenen Unternehmen gezahlten Beiträge sind durch einen „davon-Vermerk" abzugrenzen.

12. Abschreibungen auf Finanzanlagen und auf Wertpapiere des Umlaufvermögens

Abschreibungen die auf Finanzanlagen (§ 253 Abs. 3 HGB) und Wertpapiere des Umlaufvermögens (§ 253 Abs. 4 HGB) vorzunehmen sind, müssen an dieser Stelle registriert werden.

13. Zinsen und ähnliche Aufwendungen, davon an verbundene Unternehmen

Die für das im Unternehmen gebundene Fremdkapital gezahlten Zinsen und ähnlichen Aufwendungen werden an dieser Stelle berücksichtigt. Dabei handelt es sich bspw. um Zinsen für Bankkredite, Hypotheken, Schuldverschreibungen, Darlehen oder Lieferantenkredite. Darin eingeschlossen sind auch Kredit-, Überziehungs- und Bereitstellungsprovisionen sowie Bürgschafts- und Avalprovisionen ebenso wie Abschreibungen auf ein aktiviertes Disagio oder der bei einer unterlassenen Aktivierung entstehende Sofortaufwand.

14. Steuern vom Einkommen und Ertrag

Die Steuern vom Einkommen und vom Ertrag führen alle Steuern auf das Einkommen und den Ertrag, die das Unternehmen als Steuerschuldner zu tragen hat, auf. Zu nennen sind bspw. die Körperschaftsteuer, die Gewerbesteuer sowie ausländische Ertragsteuern. Davon abzusetzen sind Steuererstattungen und die Auflösung von Steuerrückstellungen. Ebenso sind Be- und Entlastungen aus der Steuerabgrenzung gem. § 274 HGB ausweispflichtig.

15. Ergebnis nach Steuern

Das Ergebnis nach Steuern stellt den handelsrechtlichen Gewinn nach Abzug der Ertragsteuern, aber noch vor sonstige Steuern dar.

16. Sonstige Steuern

Die Position sonstige Steuern verkörpert ein Sammelposten für alle übrigen Steuern, die keine Steuern vom Einkommen und Ertrag sind. Dazu gehören bspw. die Grundsteuer, die Kfz-Steuer, die Versicherungssteuer und Ausfuhrzölle. Nicht zu berücksichtigen sind Steuern, die als Anschaffungskosten gem. § 255 Abs. 1 HGB aktivierungspflichtig sind.

17. Der Jahresüberschuss bzw. Jahresfehlbetrag

Der Jahresüberschuss bzw. Jahresfehlbetrag berechnet sich aus der Summe der einzelnen GuV-Posten.

15.3.2 Gliederung nach dem Umsatzkostenverfahren

1. Umsatzerlöse

Das Umsatzkostenverfahren verbucht unter den Umsatzerlösen genau die gleichen Inhalte und Größen wie das Gesamtkostenverfahren. Folglich stimmen beide Positionen überein.

2. Herstellungskosten der zur Erzielung der Umsatzerlöse erbrachten Leistungen

Die Herstellungskosten setzen sich aus den Herstellungskosten der in der Periode abgesetzten Güter und Dienstleistungen zusammen, unabhängig davon wann diese angefallen sind. Sie bestimmen sich aus dem Material- und dem Personalaufwand, den anteiligen Abschreibungen auf das Anlagevermögen sowie auf aktivierte Aufwendungen für die Ingangsetzung und Erweiterung des Geschäftsbetriebs und auf Vermögensgegenstände des Umlaufvermögens. Gegebenenfalls sind auch außerplanmäßige Abschreibungen zu berücksichtigen. Daneben existiert ein Wahlrecht bzgl. des Ausweises aktivierter Fremdkapitalzinsen und anteiliger Betriebssteuern.

Beispiel: Brause nimmt aus dem Lager Holzspielzeug und veräußert dieses. Die dafür angefallenen Herstellungskosten i. H. v. 2.300 € berücksichtigt er im laufenden Geschäftsjahr.

Anders als im Gesamtkostenverfahren werden die Herstellungskosten für diese Spielzeuge erst im Zeitpunkt der Veräußerung erfasst und nicht bereits bei der Herstellung.

3. Bruttoergebnis vom Umsatz

Aus dem Saldo der Posten Umsatzerlöse und Herstellungskosten der zur Erzielung der Umsatzerlöse erbrachten Leistungen berechnet sich das Bruttoergebnis vom Umsatz.

4. Vertriebskosten

Die Vertriebskosten setzen sich zusammen aus den auf alle Perioden bezogenen, nicht umsatzbezogenen, direkt und indirekt berechenbaren Aufwendungen für den Vertrieb. Hierunter fallen bspw. Aufwendungen für die Verkaufsabteilung insbesondere für den anteiligen Personalaufwand, die anteiligen Abschreibungen auf immaterielle Vermögensgegenstände des Anlagevermögens und Sachanlagen sowie auf aktivierte Aufwendungen für die Ingangsetzung und Erweiterung des Geschäftsbetriebs und auf Vermögensgegenstände des Umlaufvermögens, sofern sie die üblichen Abschreibungen überschreiten. Das schließt aber auch Verpackungs- und Transportkosten sowie Provisionen ebenso wie Aufwendungen für Werbeagenturen, Marketingabteilungen oder das Vertreternetz ein.

5. Allgemeine Verwaltungskosten

Die Aufwendungen des Verwaltungsbereiches, soweit sie nicht bereits in die Herstellungskosten zur Erzielung der Umsatzerlöse erbrachten Leistungen oder in die Vertriebskosten gebucht wurden, hält diese Position fest. Dazu zählen bspw. Aufwendungen für die Geschäftsführung, das Rechnungswesen, die Rechts- und die Revisionsabteilung sowie insbesondere anteilige Personalaufwendungen, anteilige Abschreibungen auf immaterielle Vermögensgegenstände des Anlagevermögens und Sachanlagen sowie aktivierte Aufwendungen für die Ingangsetzung und Erweiterung des Geschäftsbetriebs und auf das Umlaufvermögen soweit sie die üblichen Abschreibungen übersteigen.

Beispiel: Die Brause GmbH besitzt ein kombiniertes Fabrik- und Bürogebäude. Aus dem Verteilungsschlüssel des Nutzraumes geht vor, dass die Verwaltung 10 % des Gebäudes in Anspruch nimmt. Für das Gebäude fallen jährlich Abschreibungen i. H. v. 4.500 € an.

Aufgrund des 10 %-igen Nutzungsanteils entfallen damit Abschreibungen i. H. v. 450 € auf die allgemeine Verwaltung. Diese sind hier zu erfassen.

6. **Restliche Posten (Posten Nr. 6 sonstige betriebliche Erträge bis Posten Nr. 16 Jahresüberschuss/Jahresfehlbetrag)**

Die restlichen Posten (Posten Nr. 6 sonstige betriebliche Erträge bis Posten Nr. 16 Jahresüberschuss/Jahresfehlbetrag) des Umsatzkostenverfahrens entsprechen den jeweiligen Posten des Gesamtkostenverfahrens.

16 Anhang und Lagebericht

16.1 Anhang

Der Anhang dient der Erweiterung und Erläuterung der in Bilanz und Ge-winn- und Verlustrechnung dargestellten Daten. Durch zusätzliche Infor-mationen soll dem Jahresabschlussadressaten ein besseres Verständnis für die tatsächliche Vermögens-, Finanz- und Ertragslage des Unternehmens vermittelt werden. Der Zweck des Anhangs kann dabei in vier verschiedene Einzelfunktionen unterteilt werden.

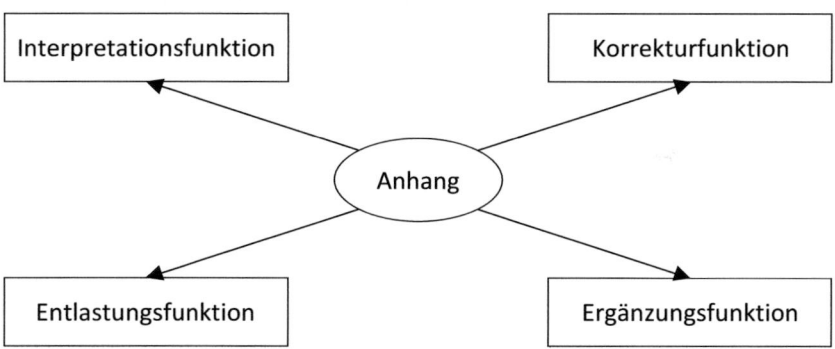

Abbildung 33: Funktionen des Anhangs

Die Interpretationsfunktion bezweckt, die rein quantitativen Daten der Bilanz und der Erfolgsrechnung näher zu erläutern und durch verbale An-gaben zu ergänzen. Durch die Angabe der verwendeten Bilanzierungs- und Bewertungsmethoden wird die Berechnung von Werten nachvollziehbarer und dem Bilanzadressaten erschließt sich der wirtschaftliche Gehalt einzel-ner Positionen.

> **Beispiel:** Entgeltlich erworbene immaterielle Vermögenswerte werden zu Anschaffungskosten aktiviert und planmäßig linear über ihre wirt-schaftliche Nutzungsdauer abgeschrieben. Hierbei handelt es sich insbe-sondere um Software, die über drei Jahre abgeschrieben wird.

Werden zusätzliche Angaben veröffentlicht, um Miss- oder Fehldeutungen der Vermögens-, Finanz- und Ertragslage des Unternehmens vorzubeugen, erfüllt der Anhang gleichzeitig eine Korrekturfunktion.

> **Beispiel:** Die Schiffbau AG arbeitet derzeit an einer Reihe von langfristigen Fertigungsaufträgen, die voraussichtlich erst im nächsten Geschäftsjahr abgeschlossen werden können.
> Nach dem Realisationsprinzip des § 252 Abs. 1 Nr. 4 HGB dürfen Gewinne jedoch erst berücksichtigt werden, wenn sie am Abschlussstichtag auch tatsächlich realisiert worden sind. Auf die dadurch auftretenden Erfolgsverzerrungen ist im Anhang hinzuweisen.

Indem der Gesetzgeber für einige Informationen ein Wahlrecht einräumt, diese entweder in der Bilanz bzw. Gewinn- und Verlustrechnung auszuweisen oder aber stattdessen im Anhang anzugeben, kann dem Anhang ferner eine Entlastungsfunktion zugeschrieben werden. Beispielsweise erlaubt § 268 Abs. 1 HGB die Bilanz unter teilweiser Verwendung des Jahresergebnisses zu erstellen. Dann kann der in den Bilanzgewinn bzw. Bilanzverlust einbezogene Ergebnisvortrag in der Bilanz oder im Anhang dargestellt werden. Durch diese Möglichkeit soll die Klarheit und Übersichtlichkeit der Jahresabschlussdaten verbessert werden.

Eine Ergänzungsfunktion ergibt sich dann, wenn der Anhang Informationen enthält, die auf nicht bilanzierungsfähigen oder bilanzierungspflichtigen Ereignissen beruhen, die jedoch für die Vermittlung der Vermögens-, Finanz- und Ertragslage zwingend erforderlich sind. Exemplarisch zu nennen sind hier etwa Angaben zu Factoringgeschäften, Leasingverträgen, Geschäften mit nahestehende Personen oder Haftungsverhältnissen für fremde Verbindlichkeiten.

Der Inhalt des Anhangs wird in §§ 284 u. 285 HGB, in postenspezifischen Einzelregelungen des Handelsrechts sowie in einigen Spezialgesetzen (z. B. AktG, GmbHG) geregelt. Aufgrund der Fülle an zu beachtenden Angaben soll an dieser Stelle lediglich ein kurzer Überblick über die wichtigsten im Anhang zu veröffentlichenden Informationen gegeben werden:

- Angewandte Bilanzierungs- und Bewertungsmethoden (z. B. Nutzung von Ansatzwahlrechten, Bestandteile der Anschaffungs- und Herstellungskosten, Abschreibungsmethoden, Bewertungsvereinfachungsverfahren),
- Grundlagen der Währungsumrechnung, (z. B. Umrechnungsmethode, Umrechnungskurse),

164

- Abweichungen von Bilanzierungs- und Bewertungsmethoden und Begründung der Abweichung,
- Gesamtbetrag der Verbindlichkeiten mit einer Restlaufzeit von fünf Jahren und von abgesicherten Verbindlichkeiten,
- Aufgliederung der Umsatzerlöse nach Tätigkeitsbereichen und geographischen Märkten (Segmentberichterstattung),
- Steuern vom Einkommen und Ertrag,
- Zahl der Arbeitnehmer,
- Material- und Personalaufwand im Rahmen des Umsatzkostenverfahrens,
- Vergütung der Geschäftsführung und des Aufsichtsrats (Gehälter, Gewinnbeteiligungen, Aktienoptionen etc.),
- Zusammensetzung der Geschäftsführung und des Aufsichtsrats,
- Beteiligungen an anderen Unternehmen bei Besitz von mehr als 20 % der Anteile,
- Name und Sitz des Mutterunternehmens,
- Honorar des Abschlussprüfers,
- Angaben zu Finanzinstrumenten,
- Nicht zu marktüblichen Bedingungen zustande gekommene Geschäfte mit nahestehenden Unternehmen und Personen,
- Forschungs- und Entwicklungskosten von selbst erstellten immateriellen Vermögensgegenständen,
- Berechnungsmethoden für Pensionsrückstellungen,
- Beträge, die der Ausschüttungssperre des § 268 Abs. 8 HGB unterliegen sowie
- Berechnungsgrundlagen der latenten Steuern.

Bei der Aufstellung des Anhangs sind die Grundsätze ordnungsgemäßer Buchführung (GoB) zu beachten. Dabei ist insbesondere die Richtigkeit, Vollständigkeit, Übersichtlichkeit, Stetigkeit und Wesentlichkeit der Anhangsangaben zu gewährleisten. So darf auf eine Information nur dann verzichtet werden, wenn die jeweiligen Sachverhalte beim bilanzierenden Unternehmen nicht vorliegen bzw. sie für die Vermittlung der wirtschaftlichen Lage nur von untergeordneter Bedeutung sind. Eine zusätzliche Erweiterung des Anhangs um freiwillige Angaben ist hingegen zulässig, sofern dadurch nicht das den tatsächlichen Verhältnissen entsprechende Bild der Vermögens-, Finanz- und Ertragslage des Unternehmens beeinträchtigt wird. Die Vielzahl an unterschiedlichen Einzelinformationen erfordert zudem eine strukturierte Darstellung des Anhangs, wobei im Handelsrecht keine expliziten Gliederungsvorschriften existieren. In der Regel wird jedoch folgende dreiteilige Struktur verwendet:

> Allgemeine Informationen zu angewandten Bilanzierungs- und Bewertungsmethoden

> Spezifische Erläuterungen zu einzelnen Bilanz- und GuV-Posten

> Sonstige Informationen nach § 285 HGB

Abbildung 34: Gliederung des Anhangs

Ferner ist der Grundsatz der Stetigkeit zu beachten, wonach eine einmal gewählte Form der Darstellung beizubehalten ist. Dies umfasst jedoch nicht nur eine gleichbleibende Gliederung des Anhangs, vielmehr muss auch die Angabe einzelner Informationen (insb. bei Wahlrechten mit Entlastungsfunktion) mit der gebotenen Kontinuität erfolgen.

16.2 Lagebericht

Mittelgroße und große Kapitalgesellschaften sowie ihnen gleichgestellte Personengesellschaften sind verpflichtet, ihren Jahresabschluss um einen Lagebericht zu ergänzen (§ 264a HGB). Dabei handelt es sich um ein Berichtsinstrument mit der Aufgabe, die aktuelle wirtschaftliche Lage sowie zukünftige Chancen und Risiken des Unternehmens zu beschreiben. Im Gegensatz zu den weitestgehend objektivierten Informationen in Bilanz, GuV und Anhang stellt der Lagebericht eine subjektive Beurteilung des Geschäftsverlaufs aus Sicht der Unternehmensleitung dar. Dies ist möglich, da er kein Bestandteil des Jahresabschlusses, sondern ein eigenständiges, zusätzliches Berichtsmittel ist und damit auch nicht den Grundsätzen ordnungsgemäßer Buchführung unterliegt.

Beispiel: In ihrem Lagebericht veröffentlicht die Willy-Brause AG Infor-

mationen über im nächsten Jahr geplante Investitionen, zukünftige
Handelsbeziehungen und mögliche Absatzprobleme aufgrund eines
neuen Konkurrenten. Im Jahresabschluss wären solche qualitativen und
prospektiven Informationen nicht zulässig.

Dennoch existieren für die Erstellung des Lageberichtes in § 289 HGB konkrete Vorgaben. Danach sind die Informationen so darzustellen, dass ein
den tatsächlichen Verhältnissen entsprechendes Bild der Vermögens-,
Finanz- und Ertragslage vermittelt wird. Es ist zudem darauf zu achten,
dass eine ausgewogene, umfassende und der Komplexität der Geschäftstätigkeit entsprechende Analyse des Geschäftsverlaufs und der Lage der
Gesellschaft wiedergegeben wird. Der Lagebericht verfolgt vorrangig das
Ziel der korrekten Informationsvermittlung, weshalb die darin enthaltenen
Informationen wahrheitsgemäß, gewissenhaft, vollständig, klar und verständlich dargelegt werden müssen. Konkretisiert werden diese Anforderungen zudem durch die sog. Grundsätze ordnungsgemäßer Konzernlage-
berichterstattung in DRS 20, der auch zur Anwendung auf den Lagebericht
gem. § 289 HGB empfohlen wird. Dies sind u.a.

- **Vollständigkeit:** Vollständige Darstellung aller für die Gesamtbeurtei-
  lung der wirtschaftlichen Lage relevanten Sachverhalte
- **Verlässlichkeit:** Richtigkeit und Plausibilität der angegebenen Informationen
- **Klarheit und Übersichtlichkeit:** Verständliche, sprachlich eindeutige
  Darstellung und übersichtliche Gliederung des Lageberichtsinhalts
- **Vermittlung der Sicht der Unternehmensleitung:** Einschätzung der
  ökonomischen Situation aus der Perspektive der Geschäftsführung
- **Konzentration auf die nachhaltige Wertschaffung:** Angabe aller Informationen, die einen wesentlichen Einfluss auf die zukünftige Wer-
  tentwicklung haben können; Kombination aus kurzfristiger und lang-
  fristiger Betrachtungsweise

§ 289 HGB gibt den Mindestumfang an Informationen vor, die zwingend im
Lagebricht enthalten sein müssen. Dem Bilanzierenden ist es jedoch freige-
stellt, diese Pflichtbestandteile um zusätzliche Komponenten zu erweitern.

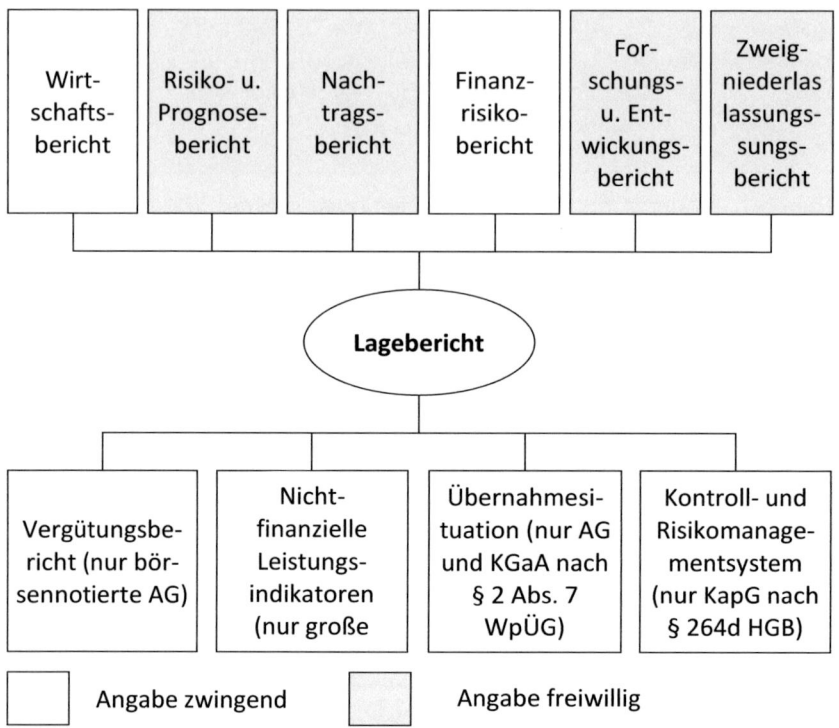

Abbildung 35: Komponenten des Lageberichts

Im Wirtschaftsbericht ist auf den Geschäftsverlauf, das Geschäftsergebnis und die allgemeine wirtschaftliche Lage des Unternehmens einzugehen. Der Bilanzierende hat dabei die Geschäftsentwicklung des vergangenen Jahres sowie die wirtschaftlichen Verhältnisse am Bilanzstichtag aus Sicht des Unternehmens darzustellen. Neben qualitativen Aussagen sollten auch die wichtigsten finanziellen Leistungsindikatoren in die Betrachtung mit einbezogen werden. So ist z. B. auf Auftragsbestände, Absatzzahlen, Umsatzentwicklung, Produktionsmengen, Beschaffungspreise sowie Investition- und Finanzierungsmaßnahmen im abgelaufenen Geschäftsjahr einzugehen. Große Kapitalgesellschaften müssen nach § 289 Abs. 3 HGB neben finanziellen Leistungsindikatoren auch nichtfinanzielle Leistungsindikatoren (z. B. Informationen über Umweltschutzmaßnahmen oder Arbeitnehmerbelange) angeben, sofern sie für das Verständnis des Geschäftsverlaufs oder der Lage des Unternehmens von Bedeutung sind.

Die vergangenheitsbezogenen Informationen des Wirtschaftsberichtes sind im Risiko- und Prognosebericht um zukunftsorientierte Daten, wie etwa die voraussichtliche Entwicklung von Marktanteilen, Marktwachstum, Produktivität sowie schwebende Geschäfte und geplante Investitionen zu ergänzen. In der Regel wird dabei von einem Planungshorizont von zwei Jahren ausgegangen. Die Prognose sollte auch alle zukünftigen, mit der Geschäftstätigkeit in Zusammenhang stehenden, voraussichtlichen Chancen und Risiken umfassen, weshalb dieser Teil des Lageberichts in der Literatur auch als Chancen- und Risikobericht bezeichnet wird.

Beispiel: Die Willy-Brause AG plant, im nächsten Geschäftsjahr zusätzliche Produktionsanlagen zu kaufen. Im Prognosebericht sind die damit verbundenen Kapazitätserweiterungen sowie die Erwartungen hinsichtlich steigender Umsätze darzustellen. Gleichzeitig sollten Überlegungen zum Risiko, dass die Absatzerwartungen evtl. nicht eintreffen könnten, mit in den Prognosebericht einfließen.

Im Nachtragsbericht sind Geschäftsvorfälle anzugeben, die sich zwischen Abschlussstichtag und Aufstellungsdatum ereignet haben und für die wirtschaftliche Lage des Unternehmens von besonderer Bedeutung sind.

Beispiel: Die Schettino Cruises AG mit dem Abschlussstichtag 31.12.01 beabsichtigt, ihren Jahresabschluss und Lagebericht für das Jahr 01 zum 31.03.02 aufzustellen. Am 10.01.02 kommt es zu einem tragischen Schiffsunglück, wodurch das Vertrauen der Kunden in die Sicherheit von Kreuzfahrtschiffen stark beeinträchtigt wird. Deshalb muss in Zukunft mit erheblichen Umsatzeinbußen gerechnet werden.

Der Finanzrisikobericht hat alle wesentlichen Risiken in Zusammenhang mit der Verwendung von Finanzinstrumenten zu analysieren. Explizit zu berücksichtigen sind dabei Preisänderungs-, Ausfall- und Liquiditätsrisiken sowie Risiken aus Zahlungsstromschwankungen, denen die Gesellschaft ausgesetzt ist. Darüber hinaus sind auch die Ziele und Methoden des Finanzrisikomanagementsystems der Unternehmung darzustellen, wobei insbesondere die Sicherungsgeschäfte zur Absicherung der beschriebenen Risiken zu erläutern sind.

Für die Beurteilung der zukünftigen Ertragslage eines Unternehmens sind insbesondere Forschungs- und Entwicklungsaktivitäten im Unternehmen von besonderer Bedeutung. Der Forschungs- und Entwicklungsbericht informiert deshalb bspw. über Personaleinsatz in diesen Bereichen, Forschungsschwerpunkte, aktuelle Entwicklungsvorhaben sowie über angefallene und zukünftige Aufwendungen von F&E-Projekten. Um Wettbewerbern keine zu detaillierten Einsichten in einzelne Vorhaben einräumen zu müssen, wird eine genaue Aufteilung auf einzelne Projekte jedoch nicht verlangt.

§ 289 Abs. 2 Nr. 3 HGB verlangt die Angabe aller Zweigniederlassungen des Unternehmens. Unter Zweigniederlassungen werden alle dauerhaft räumlich von der Hauptniederlassung der Gesellschaft getrennten Einrichtungen verstanden, die ohne rechtliche Selbstständigkeit aber mit personeller und organisatorischer Eigenständigkeit am Geschäftsverkehr teilnehmen. Betriebsstätten und Niederlassungen ohne organisatorische Selbstständigkeit müssen hingegen nicht angegeben werden.

Börsennotierte Aktiengesellschaften sind nach § 289 Abs. 2 Nr. 4 HGB verpflichtet, im Lagebericht die Grundzüge des Vergütungssystems sowie die Gesamtbezüge der Geschäftsführung und des Aufsichtsrates offenzulegen. Die Beschreibung des Vergütungssystems hat dabei u. a. auf fixe und erfolgsabhängige Bestandteile, Sachbezüge, Aktienoptionen, Bezugsrechte auf Aktien sowie Versorgungs-, Vorruhestands- und Ruhegehaltsleistungen einzugehen. Werden die Bezüge jedes einzelnen Vorstandsmitgliedes individualisiert im Lagebericht offengelegt, können diese Angaben im Anhang unterbleiben.

Aktiengesellschaften und Kommanditgesellschaften auf Aktien, deren Wertpapiere auf einem organisierten Markt (§ 2 Abs. 7 WpÜG) gehandelt werden, sind verpflichtet, im Lagebericht auch über die Übernahmesituation zu informieren. Durch die in § 289 Abs. 4 HGB geforderten zusätzlichen Angaben sollen potentielle Bieter bereits vor ihrer Übernahmeentscheidung einen Eindruck über die Struktur der Gesellschaft und mögliche Übernahmehindernisse gewinnen können.

Kapitalmarktorientierte Unternehmen i. S. d. § 264d HGB haben im Lagebericht ferner die wesentlichen Merkmale ihres internen Kontroll- und Risikomanagementsystems im Hinblick auf die Rechnungslegung zu beschreiben. Als internes Kontrollsystem werden alle Grundsätze, Verfahren und Maßnahmen zur Sicherung der Wirksamkeit, Wirtschaftlichkeit, Ordnungsmäßigkeit der Rechnungslegung und der Einhaltung der maßgeblichen rechtlichen Vorschriften bezeichnet. Das Risikomanagementsystem umfasst hingegen alle Maßnahmen zur Erfassung, Bewertung und Steuerung von möglichen wirtschaftlichen Risiken für das Unternehmen. Zu beachten ist dabei, dass durch § 289 Abs. 5 HGB weder eine Einrichtung noch die inhaltliche Ausgestaltung dieser Systeme vorgeschrieben wird. Auch eine Angabe der Effektivität des internen Kontroll- und Risikomanagementsystems ist nicht notwendig. Fehlt es an derartigen Maßnahmen jedoch gänzlich, ist auch dieser Umstand im Lagebericht zu erwähnen.

§ 289a HGB verlangt von kapitalmarktorientierten Aktiengesellschaften die Erweiterung des Lageberichts um eine dreiteilige Erklärung zur Unternehmensführung. Diese hat zum einen die in § 161 AktG geforderte Entsprechenserklärung zum deutschen Corporate Governance Kodex zu enthalten. Dieser Kodex enthält Leitlinien und Empfehlungen, wie eine verantwortungsvolle Unternehmensführung ausgestaltet sein sollte.

Die in § 289a HGB genannten Unternehmen sind zudem verpflichtet anzugeben, welche Empfehlungen des Kodexes nicht angewendet wurden und warum nicht. Neben der „Entsprechenserklärung" sind auch relevante Angaben zu Unternehmensführungspraktiken, die über die gesetzlichen Anforderungen hinausgehen, zu erläutern. Es müssen dabei jedoch nicht alle organisatorischen Maßnahmen, sondern nur die Vorschriften, die in Zusammenhang mit dem Kodex stehen oder eine praktische Ausgestaltung der Kodex-Empfehlungen darstellen, angegeben werden. Der dritte Teil der Erklärung zur Unternehmensführung hat eine Beschreibung der Arbeitsweise von Vorstand und Aufsichtsrat zu umfassen. Dabei ist eine Erläuterung der allgemeinen Vorgehensweisen, der Regelungen der Geschäftsordnung sowie der festgelegten Kompetenzen ausreichend. Eine detaillierte Ablaufbeschreibung von Vorstands- und Aufsichtsratssitzungen wird indes nicht als notwendig erachtet.

Literaturverzeichnis

Baetge/Kirsch/Thiele: Bilanzen, 14. Aufl., Düsseldorf 2016.

Bitz/Schneeloch/Wittstock: Der Jahresabschluss, 6. Aufl., München 2014.

Breidenbach: Jahresabschluss kompakt, 3. Aufl., Berlin 2014.

Buchholz: Grundzüge des Jahresabschlusses nach HGB und IFRS, 9. Aufl., München 2016.

Coenenberg/Haller/Schultze: Jahresabschluss und Jahresabschlussanalyse, 24. Aufl., Stuttgart 2016.

Döring/Buchholz: Buchhaltung und Jahresabschluss, 14. Aufl., Berlin 2015.

v. Eitzen/Zimmermann: Bilanzierung nach HGB und IFRS, 3. Aufl., Weil im Schönbuch 2016.

Gräfer/Schneider: Rechnungslegung, 5. Aufl., Herne 2016.

Heno: Jahresabschluss nach Handelsrecht, Steuerrecht und internationalen Standards, 8. Aufl., Berlin 2016.

Meyer: Bilanzierung nach Handels- und Steuerrecht, 27. Aufl., Herne 2016.

Mindermann/Brösel: Buchführung und Jahresabschluss, 5. Aufl., Berlin 2014.

Ruhnke: Rechnungslegung nach IFRS und HGB, 3. Aufl., Stuttgart 2012.

Schildbach: Der handelsrechtliche Jahresabschluss, 10. Aufl., Sternenfels 2013.

Stichwortverzeichnis